Anthakarana

AF285542

Gefühle

die Sprache der Seele

und der emotionale Fluss auf der Erde

Anthakarana, Berlin 2002

Copyright

Alle Rechte, auch das des auszugsweisen Nachdruckes, der auszugsweisen oder vollständigen Wiedergabe, der Speicherung auf Datenträgern oder im Internet und der Übersetzung liegen bei der Autorin.

Herstellung: Books on Demand GmbH, Norderstedt

ISBN 3-8311-2183-4

Inhaltsverzeichnis

Vorwort

Die meisten Menschen bewerten in irgendeiner Form ihre Emotionen. Viele denken, nur ohne emotionale Regung könne der Mensch zu höherer Erkenntnis gelangen oder ein erfülltes Leben führen und bekämpfen daher jedes Aufkommen eines Gefühls. Die Spannung, die ein Gefühl in der Persönlichkeit entstehen lässt, muss gelöst werden. Dies ist jedoch nicht möglich, wenn das Gefühl unterdrückt wird. Es kommt dann zwangsläufig an anderer Stelle zu einer Entladung.

Wenn wir verstehen, dass wir unser Leben nur dann unseren Wünschen entsprechend gestalten können, wenn wir diese Wünsche klar definieren können, dann verstehen wir auch, dass das uneingeschränkte Wahrnehmen unserer Gefühle die einzige Möglichkeit ist, dies zu erreichen.

Denn nur, wenn der Mensch genau spürt, was er will und was er nicht will, kann er Maßnahmen ergreifen, um seine Lebensumstände umzugestalten.

Aus meiner Erfahrung als Therapeutin wurde mir immer deutlicher, wie viele Missverständnisse in Bezug auf die Emotionen bestehen und wieviel Leid alleine aus diesen Missverständnissen entsteht. Ich entschloss mich daher das Buch zu schreiben und das Wissen aus meiner Arbeit mit Menschen, und vor allem aus meinem Sein als Anthakarana, allen Menschen zugänglich zu machen.

Dieses Wissen habe ich so in Sprache umgesetzt, dass es nicht nur denkbar, sondern auch fühlbar ist.

Ich beobachte immer wieder, wie sich das Leben von Menschen auf wunderbare Art verändert, wenn es ihnen möglich ist, sich dem emotionalen Fluss hinzugeben.

„Gehet hin und tuet desgleichen."

Anthakarana

Einleitung

Dieses Buch soll dazu dienen, ein umfassendes Verständnis über die gesamte Emotionalität zu vermitteln. Die Bedeutung der Emotionen auf dem Weg zu höherer Erkenntnis zum Wohle aller wird immer noch unterschätzt, ja sogar abgestritten. Die meisten Menschen wissen inzwischen, dass die Herrschaft des Verstandes den Menschen und dem Planeten nicht zu dem ersehnten Ziel - nämlich das Fühlen der Glückseligkeit - verholfen hat. Immer deutlicher wird der Einfluss derjenigen, die ein wenig mehr von ihrer Seele durchschimmern lassen, und die Sehnsucht solcher, die danach streben, wird immer mehr die treibende Kraft ihrer Handlungen. Es ist nur möglich, der eigenen Seele, dem höheren Selbst oder größeren Wahrheiten, wie immer ihr es nennt, mehr Raum zu geben, wenn ihr mit euren Gefühlen im Fluss seid, euch dem emotionalen Fluss hingebt.
Dazu ist es notwendig, mehr über die Emotionen zu erfahren.

Die emotionalen Energien sind nichts anderes als Farben oder Töne mit ihren ganz eigenen Frequenzen. So, wie ihr von Farben und Klängen umgeben seid, so seid ihr auch von emotionalen Energien umgeben. Jede Seele hat ihren eigenen Klang, jede Persönlichkeit hat ihren eigenen Klang, alle Körper der Persönlichkeit schwingen in ihren eigenen Klängen. Jedes Wesen, jeder Planet erzeugt Klang, erzeugt Farbe und erzeugt emotionale Energie.
Ihr badet in einem Meer von Farben, Klängen und emotionaler Energie.
Energien sind manchmal sehr intensiv spürbar und manchmal weniger, und so wie alles pulsiert, pulsieren auch die emotionalen Energien. Sie schwellen ab und an in einem ewigen Rhythmus. So wie der Wind manchmal mehr und manchmal weniger bläst.

Genauso wie Farben und Töne, so können auch die emotionalen Energien für Heilung, aber auch für anderes benutzt werden. Dazu ist es notwendig, mit den emotionalen Energien ebenso spielerisch, geschickt und freizügig umzugehen wie mit Farben und Tönen.

Also, demnach auch vor allem wert- und urteilsfrei. Nur wenn ihr wirklich urteilsfrei und frei von all euren bisherigen Deutungen gewohnt seid, mit emotionalen Energien umzugehen, so wird sich sehr schnell vieles auf diesem Planeten in Bezug auf alle hier lebenden Reiche verändern.

Ebenso ist es erforderlich zu wissen, wie ihr mit den emotionalen Energien heilen könnt, und wie ihr euch vor Manipulation mit Hilfe der emotionalen Energien schützen könnt.

Es wird dann keinen Unterschied mehr zwischen Fühlen, Denken und Handeln geben, wie es zur Zeit der Fall ist.

Ziel ist die Einheit von Fühlen, Denken und Handeln!

Ist dieses Ziel erreicht, so ist die Folge davon eine viel schnellere Manifestation eurer Wünsche in jeder Beziehung. Denn es gibt dann keinen Unterschied mehr zwischen euren Wünschen und den Wünschen anderer Menschen, den Wünschen der Tiere, den Wünschen aller auf der Erde lebenden lichten Wesen.

Wer wäre in der Lage, jemanden zu verletzen, dessen Gefühle er deutlich spüren kann?

Dies ist noch ein weiter Weg, doch lasst euch nicht davon abhalten, auf zu brechen; egal wie lang der Weg jedes einzelnen von euch ist, er lohnt sich!

Wenn ihr laufend daran denkt, was ihr noch vor euch habt, wie lange ihr noch gehen müsst, wenn ihr mehr damit beschäftigt seid, zu sehen, wie weit ihr von eurem Ziel entfernt seid, als eure Erfolge zu sehen, dann ist dies ein Muster in eurem Verstand, das euch daran hindert, voran zu schreiten.

Nach dem Lesen des Buches werdet ihr noch nicht an dem Punkt sein, euch vollständig dem emotionalen Fluss hinzugeben, aber ihr werdet einen weiteren Schritt gegangen sein; und von dort aus werdet ihr die nächsten erforderlichen Schritte überblicken.

Wahrscheinlich werdet ihr das Buch mehr als einmal lesen müssen. Vieles wird erst beim 2. und 3. Mal tiefer in euer Bewusstsein dringen und beginnen emotional zu wirken. Also zweifelt nicht an eurem Verstand, wenn ihr einiges nicht sofort versteht, sondern beginnt mit eurem Emotionalkörper zu lesen.

Wenn in diesem Buch von Persönlichkeit gesprochen wird, so ist dies als Gesamtheit von physischem ätherischem, emotionalem und mentalem Körper zu verstehen, wobei die höheren Aspekte außer acht bleiben. Natürlich kann man die Persönlichkeit nicht als die Summe dieser Körper verstehen, doch ist diese Trennung für das Verstehen der emotionalen Energien unumgänglich.

Einer der zentralen Schwerpunkte in diesem Buch ist das Klären von Mustern. Muster sind Strukturen in der Persönlichkeit, die aufgrund bestimmter Erfahrungen entstanden sind, und die den freien, uneingeschränkten Willen verhindern. Da die Muster aus den Erfahrungen stammen, die die Persönlichkeit mit all ihren Körpern machte, müssen die Erfahrungen auch aus allen Körpern wieder gelöst werden. Es reicht nicht aus, ein Muster intellektuell zu erfassen und sich dann kurzerhand von ihm zu verabschieden. Jedes Muster, von dem ihr euch lösen wollt, muss gedanklich erfasst werden, emotional gespürt werden und physisch-ätherisch gefühlt werden, das heißt ihr müsst ein Gespür dafür haben, wo sich in eurem Körper die Hauptstrukturen eines Musters befinden.

Alles, was auf dieser Ebene gebunden wurde, muss auch auf dieser Ebene gelöst werden!

Ein Muster erkennt ihr häufig daran, dass ihr immer wieder in ähnliche Situationen geratet, von denen ihr ganz klar sagen könnt, dass diese euch nicht gefallen, und ihr Gefühle habt, die ihr nicht wollt.

Zum Beispiel: Eine Frau heiratet einen Mann, der sie schlägt. Nachdem sie es endlich geschafft hat, sich von ihm zu trennen, findet sie einen neuen Partner. Nach einer kurzen harmonischen Zeit fängt auch dieser Mann an zu schlagen. Natürlich will die Frau nicht geschlagen werden, aber ein Muster in ihr verhindert es, einen liebevollen Mann zu finden.

Oder: Ein Mann kann nicht über eine bestimmte Brücke fahren, weil er sofort in Todesangst ist.

Dies ist ganz offensichtlich ein Muster.

Die Lehre der emotionalen Energie ist ebenso ein Modell wie das Modell der Farblehre, das euch hilft, das Thema so weit wie möglich in euer jetziges Bewusstsein zu integrieren. Da jedes Modell versucht, die Wirklichkeit zu beschreiben, nicht aber die Wirklichkeit selbst ist, ist es immer einem Wandlungsprozess unterworfen und hat somit keinen Absolutheitsanspruch.

Die emotionalen Energien besitzen bestimmte Grundschwingungen, wie es auch Grundfarben gibt. Das gleichzeitige Zusammentreten aller Farben wird als weißes Licht definiert und so könnten wir sagen, wird das Zusammenwirken aller emotionalen Energien als Liebe definiert. Das Erklingen aller Tonfrequenzen gleichzeitig ergibt den Urklang oder Urton, den Klang der Schöpfung. Zu jeder Grundfarbe gibt es verschiedene Nuancen, Helligkeitsgrade, zu jedem Grundton gibt es verschiedene Halbtöne und Obertöne. Ein Ton hört sich auf verschiedenen Instrumenten anders an.

Ebenso gibt es zu den Grundschwingungen der emotionalen Energien bestimmte Zwischenfrequenzen oder Mischfrequenzen.

Darüber hinaus gibt es kompensatorische Empfindungen, die Symptom bestimmter verdrängter emotionaler Energien sind.

Wir können sagen, dass die unterschiedlichen Emotionen dadurch entstehen, dass der Mensch aufgrund seiner Muster sich nur partiell für die emotionale Energie öffnet. Damit filtert er aus der Gesamtheit der Energien, was Göttliche Liebe bedeutet, einige Frequenzen heraus, die als die verschiedenen Gefühle bekannt sind. Die Persönlichkeit ist also ein Filter, der es unmöglich macht, dass sich die Göttliche Vibration, die überall existiert, in euch fortsetzen kann.

Wenn hier von den Grundemotionen die Rede ist, so wird Liebe nicht mit aufgeführt.
Sie hat eine Sonderstellung, weil sie nicht der Bewertung und der Verleugnung unterliegt. Dort, wo Liebe frei fließen kann sind keine Muster vorhanden. Dort wo Liebe nicht bedingungslos fließen kann, - also in fast allen euren Lebensbereichen - müssen diejenigen emotionalen Energien betrachtet werden, die „künstlich erzeugt" werden sowie deren entsprechende mentale Bewertungsmechanismen. Dies wird später deutlich werden.
Die Abwesenheit von Mustern und Verleugnung ist Liebe.
Liebe ist immer vorhanden, wenn ihr mit eurem Gegenüber tief verbunden seid.
Verbindung ist immer vorhanden, wenn es keine Muster mehr gibt, die das verhindern.

Sind Fühlen, Denken und Handeln Eins, ist dies die Frequenz der Liebe.

Die Grundemotionen

Die vier Grundemotionen oder Gefühle, die ihr kennt, sind Angst, Trauer, Wut und Freude. Wobei die Angst in der niedrigsten, also langsamsten Frequenz schwingt und Freude in der höchsten. Dazwischen liegen Trauer und Wut in genau dieser Reihenfolge.

Angst

Die Todesangst, die mit die langsamste Schwingung der emotionalen Energien hat und im Körper bestimmte Resonanzen hervorruft, tritt mit sehr heftigen „schnellen" Körpersymptomen auf.

Durch die Adrenalinausschüttung aus den Nebennieren kommt es zu einer Reihe von Reaktionen im Körper, die als Kampf- oder Fluchtreaktionen bekannt sind.

Wenn die Todesangst (z.B. bei einem gewaltsamen Tod) so stark wird, dass der Körper weder die Möglichkeit zum Kampf noch zur Flucht hat, verlangsamen sich sofort alle Reaktionen im Körper. Das kann so weit gehen, dass eine körperliche Lähmung eintritt bis hin zu dem Phänomen, das weitläufig als Scheintod bekannt ist.

Man könnte sagen, dass diese emotionale Energie mit ihrer langsamen Schwingung im physischen Körper eine ebenso langsame Schwingung hervorruft wie im Emotionalkörper und damit zwischen beiden, Emotionalkörper und physischem Körper, eine Gleichschaltung hervorruft. Bei dieser extrem langsamen Frequenz kann der Mentalkörper nicht mitschwingen; diese Frequenz liegt zur Zeit nicht in seinem Aufnahmebereich, so wie ihr zur Zeit kein ultraviolettes Licht sehen oder Ultraschall hören könnt.

Nun hat jedoch bei allem Schrecken, das ein solches Todeserlebnis für die Persönlichkeit mit sich bringt, die Seele einen Vorteil von der Situation. Die Persönlichkeit lernt dadurch, dass das Gleichschwingen von Emotionalkörper und physischem Körper möglich, ja sogar wünschenswert ist, um auf der Erde zu manifestieren, was Ziel und Absicht einer jeden Seele ist. Und so kann es sein, dass die Seele zu diesem Mittel greift, um dieses Gleichschwingen zu erzielen.

Das erste höhere Ziel im Umgang mit den emotionalen Energien ist die Gleichschaltung zwischen allen Körpern und der Seele.

Vielleicht werdet ihr fragen, warum der Körper dies nicht auf der Freudefrequenz erlernt. Die Antwort ist etwas schwierig und wir werden später genauer darauf eingehen. Hier sei zunächst nur gesagt, dass die gleiche Schwingung von emotionalem Körper und physischem Körper auf der emotionalen Energie der Freude mit ihrer entsprechenden Frequenz zur Zeit für die Menschen weitaus schwieriger ist als ein Gleichschwingen beider Körper in Angst - obwohl ihr das subjektive Empfinden habt, dass es wesentlich einfacher ist als in Angst. Dazu muss gesagt werden, dass das, was ihr momentan als Freude im physischen Körper empfindet, nicht eine der Grundemotionen ist, die ich zu Anfang erwähnt habe, sondern eine sehr viel langsamere Schwingung, wenn auch höher als die der Angst.

Jede Angst, die ihr in eurem heutigen Leben erfahrt, ist auf eine Erfahrung in der Vergangenheit zurückzuführen. Das heißt, es gibt nichts wirklich Unbekanntes, wovor ihr Angst habt, sondern eure Angst ist immer eine Projektion vergangener schmerzhafter Erfahrungen hinein in die zukünftige Situation. Ihr habt keine Angst vor dem Unbekannten. Ihr habt lediglich Angst, das bereits Bekannte könnte sich in der Zukunft wiederholen.

Da ihr euch natürlich nicht an alle traumatischen Situationen in all euren vergangenen Leben - ja nicht einmal in diesem Leben - erinnert, glaubt ihr, es sei die Angst vor dem Unbekannten.

In der Geschichte der Menschheit nimmt die Angst eine besondere Rolle ein. Es war die Emotion, der sehr viel Aufmerksamkeit geschenkt wurde, um das Überleben zu sichern. Durch Angst werden die Menschen fähig, ihre sensitive Wahrnehmung sehr weit auszudehnen, um jederzeit potentiellen Gefahren ausweichen oder vorbereitet entgegentreten zu können.

Mit dem Fortschreiten der industrialisierten Gesellschaft hat die Notwendigkeit, das eigene Sensorium weiter zu entwickeln, stark abgenommen. Wenn auch einzelne Individuen aufgrund einer traumatischen Kindheit heute noch ihre Wahrnehmungen immens ausdehnen müssen, so ist doch die Bedeutung der Angst in der Gesellschaft als Ganzes zu überleben erheblich zurückgegangen.

Ich möchte hier noch kurz erwähnen, dass die Heilung einer traumatische Kindheit immer die Chance der Heilung auch von vergangenen Leben in sich birgt.

Es ist wichtig, zu verstehen, dass Angst nicht etwas ist, was ihr unbedingt überwinden müsst. Es ist ein emotionales Gefühl wie jedes andere auch und hat damit seinen berechtigten Platz. Aus all den vergangenen Erfahrungen seid ihr in der Lage, Situationen, in denen eine reale Gefährdung für euer Leben besteht, einzuordnen und aus dem Weg zu gehen. So werdet ihr zum Beispiel nicht über Bahngleise laufen, wenn sich gerade ein Zug nähert.

Das bedeutet, dass ihr in jeder Situation zu unterscheiden lernen müsst, ob eine wirkliche Gefahr besteht, oder ob die Angst eine unerwünschte Projektion aus der Vergangenheit ist.

Seid ihr in einer gefährlichen Situation vollkommen wertfrei über eure Angst, so kann die Angst ungehindert in eurem Emotionalkörper schwingen. Die Schwingung überträgt sich dann auf den physischen Körper, der daraufhin sofort innehält mit dem, was er tut.

Durch dieses Innehalten, das nur einen Bruchteil einer Sekunde dauern kann, übernimmt der Mentalkörper diese Schwingung. Ich rede jetzt nicht von der Todesangst, in der der Mentalkörper die Schwingung nicht übernehmen kann. Das heißt, im Mentalkörper beginnen die analogen Anteile der emotionalen Energie zu schwingen, sodass die Informationen "freigesetzt" werden, die die Persönlichkeit braucht, um heil aus der Gefahrensituation herauszukommen.

In einer derartigen Situation ist das Ziel erreicht; alle Körper schwingen in der gleichen Frequenz. Fühlen, Denken und Handeln sind identisch.

Dies hört sich leichter an, als es tatsächlich ist; denn ihr müsst euch in jeder Angstsituation darüber im klaren sein, ob es sich um eine reale Gefahr handelt oder um eine Projektion. Euer Verstand ist hierbei keine verlässliche Informationsquelle, denn sobald ihr in einer Projektion seid, befindet sich ein Teil von euch in der Vergangenheit und kann somit die jetzige Situation nicht mehr vollständig betrachten.

Ich möchte an dieser Stelle noch einmal auf die Todesangst zu sprechen kommen. In jeder Situation, in der einem Menschen mit dem Tod gedroht wird, kommt es zu einem tiefen Schockzustand, in dem das Opfer alle vom Peiniger gesagten Worte als Wahrheit integriert.

Das heißt, die Information wird in die Zellen des Mentalkörpers eingebaut und ist damit jederzeit abrufbar. Ebenso verhält es sich in einer derartigen Situation mit den Emotionen; das Opfer übernimmt teilweise die Emotionen des Täters und glaubt, dies wären seine eigenen.

Damit sind viele autoaggressive Handlungen zu verstehen. Das Opfer hat den Peiniger so weit in seine Persönlichkeit integriert, dass diese in Abwesenheit des Täters - auch viele Jahre nach der traumatischen Erfahrung - so handelt, als wäre der Täter noch existent. Also, die Wut des Täters auf das Opfer lebt im Opfer weiter. Natürlich sind derartig extreme Reaktionen nur der Fall, wenn sich traumatischen Situationen über einen langen Zeitraum wiederholen, wie bei Folteropfern, Missbrauchsopfern etc.. Dennoch ist es wichtig, für jeden zu verstehen, dass es auch bei einer einmaligen traumatischen Situation zu einer derartigen „Integration" des Täters kommt, und dadurch viele Programmierungen im Mentalkörper existieren, die schwer zu verstehen sind, und dies um so mehr, wenn sich die betreffende Person nicht mehr an dieses Trauma erinnern kann.

Körperliche Folgen von traumatischen Situationen mit Todesangst können beispielsweise Krampfanfälle sein. Hierbei ist der Befehl des Peinigers, sich nicht zu bewegen, so stark in die Persönlichkeit integriert, dass es in Gefahrensituationen mit dem Impuls zur Flucht sofort zum Freisetzen der Information „bewege dich nicht!" kommt, sodass der physische Körper auf beide Impulse reagiert. Zum Beispiel „ich muss weg" und „ich darf mich nicht bewegen". Daraufhin spannen sich die Muskeln an und werden dann aber durch die noch stärkere Kontrolle des Mentalkörpers gezwungen, in Regungslosigkeit zu verharren. Dies kann auch dann eintreten, wenn in der aktuellen Situation keine reale Gefahr besteht, sondern die Angst aus der Vergangenheit durch ein auslösendes Ereignis stimuliert wurde.

Wir wissen jetzt, dass ein Mensch unter gewissen Umständen alle Sätze, aber auch die Emotionen von anderen Menschen übernimmt. Damit ist eine ungeheure Manipulation möglich, nämlich indem die Programmierungen, die während der traumatischen Situationen entstanden sind, bewusst oder unbewusst abgerufen werden. Wir können davon ausgehen, dass es kaum jemanden auf der Erde gibt, der nicht traumatische Situationen erlebt hat. Damit trägt jeder Programmierungen in sich, die verhindern, in jeder Situation frei entscheiden zu können. Da diese Programmierungen immer mit Befehlen wie: „sei still, bewege dich nicht, tu, was ich dir sage etc." verbunden sind, sind die Menschen, bei denen dieses Programm „aufgerufen" wurde, absolut manipulierbar. Sie tun aufgrund der Todesangst alles, was ihnen gesagt wird; sogar in den eigenen Tod gehen. Es ist also erforderlich, diese Programmierungen wieder aufzulösen.

Alle Diktaturen „arbeiten" mit dem Abrufen der traumatischen Situationen in vergangenen und in diesem Leben und sind somit in der Lage, unglaubliche Massen mit Hilfe der erzeugten Angst zu manipulieren. Es ist dringend notwendig, dass die Rolle der emotionalen Energie der Angst im dritten Reich in allen Dimensionen erkannt wird. Das heißt, ihr müsst die Tatsache akzeptieren, dass emotionale Energien erzeugt und in euch eingepflanzt werden können, um euch zu manipulieren.

Dies kann jedoch nur dann geschehen, wenn ihr - wie im Schock, in der Ohnmacht, unter Narkose oder anderer bewusstloser Zustände - nicht vollständig in eurem Körper verwurzelt seid, und ihr dadurch in euch Platz macht für fremde emotionale Energien. Seid ihr präsent in der jetzigen Situation, mit all euren Gefühlen ohne Verleugnung und Verdrängung, kann keine emotionale Energie in euch eindringen, da ihr den Platz mit euch selbst ausfüllt.

Wie wir später noch sehen werden, kann man die Tatsache, dass man emotionale Energien auf jemanden projizieren kann, auch zu Heilzwecken benutzen. Dies geschieht allerdings mit dem bewussten Wissen des Heilungssuchenden.

Dies wird euch vielleicht sehr fremd erscheinen, doch ich möchte euer Augenmerk auf diese Sichtweise lenken und euren Verstand weiter öffnen.

Wenn wir uns nun die anderen emotionalen Grundenergien wie Trauer, Wut und Freude ansehen, werden wir zunächst die Ähnlichkeiten und dann die Unterschiede herausarbeiten.

Trauer

Die Trauer schwingt in einer höheren Frequenz als die Angst und hat dadurch andere Auswirkungen auf den Organismus. Wieder geht es um die Gleichschaltung der Frequenzen oder der Energiearten in allen Körpern der Persönlichkeit, dazu gehören: der Mentalkörper, der Emotionalkörper, der ätherische und der physische Körper. Genau wie bei der Todesangst tritt eine teilweise „Lähmung" des Verstandes auf bzw. ein erstes Ausschalten oder besser gesagt, eine Abkopplung des Verstandes. Dies geschieht im Anfangsstadium jeder echten, tief empfundenen Trauer.

Diese teilweise „Lähmung" findet ebenso wie bei der Angst im physischen Körper statt.

Wenn nun Emotionalkörper und physischer Körper gleichschwingen, steigt langsam die Frequenz dieser „Trauerenergie" an. Man könnte es sich vorstellen wie einen Motor, den man gerade gestartet hat, und der nach kurzer Anfangsphase in voller Leistung läuft. Ebenso ist es mit der Frequenz der Energie der Trauer. Sie steigt an und nun geschieht im Unterschied zur Angst folgendes:

Ab einer bestimmten Intensität der Trauerfrequenz fangen Teile des Ätherkörpers an, sich auf diese Schwingung einzustimmen, sodass ein Resonanzraum für die „Trauerenergie" geschaffen wird. Durch diesen Resonanzraum ist es nun möglich, dass der Mentalkörper in sich jene Teile zum Schwingen bringt, die bestimmte Rezeptoren für diese emotionale Frequenz haben. Oder anders ausgedrückt, diejenigen Anteile des Mentalkörpers, die nicht durch verschiedene Bewertungsmechanismen verklebt sind, können diese Frequenz „hören" und somit mit ihr zu schwingen beginnen.

Da es im Mentalkörper keine Gefühle gibt, schwingen also nicht Gefühle im Mentalkörper, sondern analoge mentale Anteile, die sich an die Schwingung der emotionalen Energie angleichen. Und je mehr „Verklebungen" die aufgrund von Bewertung, und anderer

Mechanismen entstanden sind, im Mentalkörper gelöst werden, desto mehr Anteile des Mentalkörpers können mit dieser Energie schwingen. So als würdet ihr die Saite eines Zupfinstrumentes in Klang und damit in Schwingung versetzen und dadurch die anderen Saiten zum Mitschwingen bringen. Euer Finger wäre dann die emotionale Energie.

Ihr bewegt euch in einer Welt von Farben, Formen, Klängen und emotionalen Energien. Und genauso wie Farben und Klänge und auch Bilder in euch bestimmte Strukturen oder Anteile vibrieren lassen - wenn auch auf einer sehr unbewussten Ebene - so lassen auch eure Emotionen bzw. die emotionalen Energien bestimmte Strukturen in euch vibrieren.

Euer herkömmliches Denkmodell sagt, eure Emotionen seien in eurem Emotionalkörper festgeschrieben bzw. dort zugehörig und gespeichert.
Wie wäre es, wenn ihr euer Modell dahingehend erweitert, dass ihr euch vorstellt, der emotionale Körper würde zur Zeit die größte Fähigkeit und Bereitschaft zeigen, auf emotionale Energie zu reagieren, also mit ihr zu schwingen oder zu vibrieren.

Andererseits hat der ätherische Körper aufgrund seiner „Zusammensetzung" die größte Fähigkeit, auf ätherische Energie zu reagieren. Genauso verhält es sich mit dem Mentalkörper und dem physischen Körper.

Um noch einmal daran zu erinnern: Es geht darum, die jeweils anderen Körper für die gerade auf die Persönlichkeit treffende Energie zu öffnen, damit eine größtmögliche Gleichschwingung stattfinden kann.

Kommen wir zurück zur Trauer.
Wenn nun diejenigen Strukturen im Mentalkörper schwingen, die nicht „verklebt" sind, so ist dies eine Hingabe des Verstandes, nämlich ein

Loslassen seiner Bewertungen und Verurteilungen. Durch die schwingenden Anteile im Mentalkörper allerdings werden andere Anteile im Mentalkörper stimuliert, die nicht mit dieser Energie schwingen. Dies geschieht aufgrund der Tatsache, dass der Verstand in der Polarität verankert ist, und es somit immer zu gegensätzlich schwingenden Anteilen kommt. Dies hat im Mentalkörper den Effekt, dass eine Gedankenflut einsetzt, um die unterschiedlich schwingenden Anteile mental verarbeiten, also analysieren zu können.

Im Mentalkörper fangen dann immer mehr Anteile an zu schwingen, die sich mit der „Verarbeitung" dieser Gegenläufigkeit beschäftigen.

Ist ein bestimmter Punkt, den wir als kritische Masse bezeichnen wollen, erreicht, so hat dies eine Rückwirkung auf den Emotionalkörper. Durch die „Oberhand" des Mentalkörpers und den stärker werdenden Druck seines Bewertungssystems auf den Emotionalkörper, hört dieser langsam auf, mit der emotionalen Energie der Trauer zu schwingen. Ebenso hören die Anteile des Ätherkörpers auf, die Energieteile aufzunehmen, die für seinen Aufbau nötig sind, und physisch ist das der Punkt, den alle Menschen kennen, wenn sie aufhören zu weinen, weil die Gedanken im Kopf lauter werden.

Ich möchte nun kurz auf den ätherischen Körper zu sprechen kommen. Mit ihm verhält es sich so, dass es zu einem Energieaustausch zwischen der emotionalen Energie und seinen Aufbauanteilen kommt. Dies geschieht immer dann, wenn Emotionalkörper und ätherischer Körper gleich schwingen. Die emotionale Energie hilft sozusagen durch eine Abgabe der emotionalen Energie an den Ätherkörper, diesem eine gesündere Struktur zu erschaffen, indem er Anteile integriert, die ihn immer aufnahmefähiger machen für höher schwingende, sagen wir, göttliche Energien. Er gibt dann seinerseits Anteile aus seiner Struktur an den Emotionalkörper zurück, die ihm hinderlich sind, in den Frequenzen zu schwingen, die ihn zu einer lichtvolleren Gestalt werden lassen.

Da eure Muster in allen Körpern der Persönlichkeit existieren, müssen diese also auch aus allen Körpern gelöst werden. Viele Muster bestehen lange im ätherischen Körper, bis sie schließlich im physischen Körper zu manifesten Krankheiten oder Symptomen führen.

Der Ausdruck der Gefühle ist für euch ein Weg, diese alten Strukturen, die vom Ätherkörper in den Emotionalkörper abgegeben werden, aus der Persönlichkeit herauszulösen und somit zu transformieren.

Wenn wir zusammenfassen, dass es bei Emotionen bzw. bei der emotionalen Energie darum geht, einen Gleichschwung in allen Körpern hervorzurufen, dann werdet ihr verstehen, dass es dabei um einen immensen Wachstumsprozess geht.
Ihr werdet begreifen, dass die emotionale Energie nicht das ist, was euch den Weg zu Gott, zum Ursprung, zur Quelle - wie immer ihr es nennen wollt - erschwert, sondern dasjenige, was euch den Weg weist, ja euch sogar die nötige Energie gibt, höhere Frequenzen im physischen Körper empfangen zu können.
Also hilft die emotionale Energie bei ihrem freien Fluss durch euren Körper, euer Bewusstsein zu erweitern, zu heilen und alte, nicht erwünschte Muster aus euch zu entfernen.

Wir wollen uns jetzt anschauen, wie sich alte Strukturen aus dem Mentalkörper entfernen lassen. Nehmen wir dazu noch einmal das Beispiel der Trauer.

Die Zellen des Mentalkörpers besitzen Rezeptoren für jede emotionale Energie. Der Rezeptor für Trauer ist ein anderer als der für Freude und dieser ist wieder verschieden von der Frequenz der Wut usw.
Wenn ich von Verklebung der Zellen rede, so heißt das präzise ausgedrückt: die Verklebung der Rezeptoren in der Zelle des Mentalkörpers.

Mit der emotionalen Energie der Trauer beginnen Anteile im Mentalkörper mit den dafür nötigen freien Rezeptoren zu schwingen. Rezeptoren, die durch verschiedene Vorgänge verklebt sind, können nicht auf dieser Frequenz schwingen.

Nun gibt es neben den freien und den verklebten Zellen eine dritte Art von Anteilen im Mentalkörper, die auf die Frequenz der Trauer reagieren. Diese jedoch tun es auf eine andere Art und Weise als die freien Rezeptoren. Ich nenne sie die verkrusteten Rezeptoren. Dies sind Teile im Mentalkörper, die in der Vergangenheit immer in bestimmten Situationen in der Trauerfrequenz mitgeschwungen sind. Nun hat die Persönlichkeit im Laufe ihrer Entwicklung bestimmte Lernschritte vollzogen, die jetzt ein Mitschwingen dieser überholten Anteile, nennen wir sie „Reaktionsmuster", nicht mehr nötig machen.

Nehmt zum Beispiel ein Kind, das in den ersten Lebensmonaten sehr viel weint, wenn es alleine gelassen wird. Wenn das Kind größer geworden ist, wird es im besten Falle gelernt haben, dass die Phase des Alleinseins nicht lange andauert und schon bald der geliebte oder herbeigesehnte Mensch wiederkommt. Dann wird es, sobald das Kind dieses Wissen integriert hat, nicht mehr mit dieser heftigen, emotionalen Reaktion auf ein Alleingelassen-Werden antworten, sondern kann gelassen die Zeit verbringen, bis das Alleinsein zu Ende ist.

Es hat die überholte Struktur von „wenn ich alleine bin, kommt nie mehr jemand zu mir" losgelassen.

Loslassen heißt in diesem Sinne allerdings nicht, dass diese Struktur aus dem Mentalkörper verschwunden ist. Die Rezeptoren im Mentalkörper für diese emotionale Energie sind verkrustet, weil sie nicht mehr als angemessen eingeordnet wurden. Dies geschieht dadurch, dass es mehr Zellen im Mentalkörper gibt, die die Information haben, „ich bleibe nicht alleine", als solche, die die gegenteilige Information besitzen, wobei dieser Zustand auf die Erfahrungen der Person zurückzuführen ist.

Diese verkrusteten Rezeptoren jedoch vermindern erstens den freien Raum für den Gleichschwung aller Körper mit einer bestimmten Frequenz, und zweitens können sie jederzeit durch ein Zusammentreffen bestimmter Ereignisse und Energien wieder aktiviert werden. Dies geschieht in der Phase, die ihr als Regression bezeichnet, also wenn eine Reaktion der Persönlichkeit hervorgerufen wird, die der realen Situation nicht angemessen ist.

Das würde z.B. der Fall sein, wenn ein erwachsener Mann, in dessen Umgebung noch andere Faktoren zusammentreffen, nach einem Streit mit seiner Frau wieder so reagiert, als wäre er das kleine Kind, das den Schmerz spürt, alleine gelassen zu werden.

Nun zurück zu den verkrusteten Rezeptoren oder Anteilen im Mentalkörper.

Diese müssen aus der Mentalstruktur gelöst werden, da sie das weitere Wachstum der Persönlichkeit behindern.

Dieses Herauslösen kann auf zwei Arten geschehen.

Die erste Art ist folgende:

Hierbei hilft die emotionale Energie.

Wenn die Anteile oder die freien Rezeptoren im Mentalkörper, wie vorher beschrieben, beginnen zu vibrieren, bevor es zu dem Gegenvibrieren der polaren Anteile kommt, (das heißt, der Mann weint zu diesem Zeitpunkt ohne zu denken) dann können die verkrusteten Anteile gelöst werden, die mit Verzögerung - da ihre Beweglichkeit ja weitgehend eingeschränkt ist - ebenfalls beginnen mitzuschwingen.

Kommt es zur Vibration der polaren Anteile, bevor die verkrusteten Anteile beginnen mitzuschwingen, so ist ein Herauslösen dieser nicht möglich, weil durch die stark wertende Mentalenergie - dies sind ja die polaren Anteile - ein schnelles Innehalten der Schwingung und dadurch ein sofortiges Verhindern des emotionalen Ausdrucks stattfindet.

In der unbewussten Regression können die verkrusteten Anteile nicht gelöst werden, da sich die Rezeptoren erweichen und dann nicht mehr als veraltet identifiziert werden. Dies ist genau dann der Fall, wenn es keine Instanz in der Persönlichkeit des Mannes mehr gibt, die die reale Situation erkennt; wenn der Mann also ausschließlich mit Mental- und Emotionalkörper agiert, als wäre er in der Kindheit, sodass sich nur der physische Körper in der jetzigen Situation befindet.

Nun, es ist nicht so leicht zu verstehen.
Wenn der erwachsene Mann aus unserem Beispiel nach dem Streit mit der Frau vollständig regrediert und nicht mehr weiß, was die reale Situation ist - nämlich der Streit mit seiner Frau - so erweichen die verkrusteten Anteile, ohne dass diese aus dem Mentalkörper herausgelöst werden können.

Die zweite Art des Herauslösens der verkrusteten Anteile aus dem Mentalkörper geschieht dann, wenn eine Regression als solche erkannt wird.
In diesem Fall reagiert der Mann emotional und mental auf eine alte Situation in der Kindheit, bleibt jedoch mit einer Instanz des Mentalkörpers in der realen Situation. Das heißt, er kann beide Situationen unterscheiden und voneinander trennen. Dadurch werden die verkrusteten Anteile gelockert, beginnen zu schwingen und werden anschließend durch eben die Trennung der beiden Situationen aus dem Mentalkörper herausgelöst.

Es handelt sich hierbei jedoch nicht um eine tatsächliche Lösung, sondern vielmehr um eine Umwandlung verkrusteter Rezeptoren in weiche, die dann nach der Trennung der beiden verwobenen Situationen, mental und emotional, in freie Rezeptoren umgewandelt werden. Durch diesen Prozess stehen dem Mentalkörper mehr freie Rezeptoren zur Verfügung, die dann ihrerseits die Möglichkeit haben, in höheren Frequenzen zu schwingen. Dies ist der Prozess, den wir als Wachstum bezeichnen.

Um es noch einmal zu verdeutlichen: Bei der ersten Art des Herauslösens überträgt sich die emotionale Frequenz auf den Mentalkörper, ohne dass der Verstand die Situation analysiert.
Der Mensch in einer derartigen Situation denkt nicht.
Bei der zweiten Art des Herauslösens sind Teile des Verstandes aktiv, die die Situation analysieren. Diesem Mensch ist bewusst, dass er sich in einer Regression befindet.

Analysiert der Verstand die Situation und erkennt nicht, dass es sich um eine Regression handelt, so können die verkrusteten Anteile nicht herausgelöst werden.

Grundsätzlich kann eine Persönlichkeit sowohl in die Kindheit und in die Phase der Vorgeburt, als auch in Vorleben regredieren, das heißt zurückgehen.

Um das Lösen zu vollziehen, müssen Emotionalkörper und ätherischer Körper in dem oben beschriebenen Energieaustausch stehen. Zum Zeitpunkt der Umwandlung der verkrusteten in freie Rezeptoren ist der Energieaustausch zwischen Ätherkörper und Emotionalkörper abgeschlossen. Die beiden Körper schwingen jetzt in völliger Harmonie, wodurch sich ihre Energie potenziert. Mit Hilfe dieses Potentials dringen sie in die verkrusteten Rezeptoren ein und stellen ihnen die Energie zur Verfügung, damit sie die „Kruste" abschütteln können. Diese nun weichen Rezeptoren werden weiterhin solange mit Energie versorgt, bis sie zu freien Rezeptoren geworden sind.

Eine andere Möglichkeit wird in der Zukunft in dem Maße mehr Bedeutung finden, in dem die Menschen bewusster mit ihren Emotionen umgehen. Zur Zeit ist dies nur begrenzt möglich. Zu dieser Methode gehört die bewusste Auseinandersetzung bzw. Beschäftigung mit seinen Mustern, was besagt, jemand weiß genau, welche Anteile er im Mentalkörper lösen will. Egal, wie er an das Wissen dieser Muster gelangt ist (durch Meditation, Therapie oder durch die Hilfe von Lehrern oder Mitmenschen usw.): er kann sie mittels geführter Meditationen aus dem Mentalkörper lösen.

Die Lösung der Muster aus Emotionalkörper und ätherischem Körper geht dann damit einher. Jedoch nur soweit, wie die Person das Herauslösen dieser Struktur zulässt. Dies wiederum ist davon abhängig, wie weit das Bewusstsein der Person die verschiedenen Dimensionen eines Musters erkennt. Da zur Zeit bei niemandem das Bewusstsein existiert, in wie weit das Loslassen eines Musters erfolgt ist, und welche Dimensionen nicht erkannt wurden, dient ausschließlich die Veränderung im täglichen Leben als Maßstab für den Erfolg.

Hier nun eine Meditation zur Strukturlösung:

Verbinde dich fest mit der Erde, sieh einen Anker von dir zum Erdmittelpunkt, der einen Energieaustausch erlaubt.

Nun stelle dir eine große Leinwand dir gegenüber vor, auf der du die Umrisse von vier Personen siehst. In jeder dieser Personen siehst du die Strukturen, die du herauslösen willst.

Du siehst eine Person in blau, eine in grün, eine in rot und eine normalen Aussehens.

Dann beginnst du bei der blauen Person, alle Strukturen, die du als alt erkannt hast, mit einem Schwamm herauszuwischen. Danach bringst du den Schwamm in eine rote Schale.

Dann nimmst du einen neuen Schwamm und wischst die Strukturen aus der grünen Person.

Anschließend bringst du den Schwamm auch in die rote Schale. Wiederhole den Vorgang mit der roten Person und mit der normalen Aussehens.

Nun bringst du alle Schwämme zu dem Ankerpunkt in der Erde und siehst, wie sie dort durch lila Licht verbrannt und damit transformiert werden.

Löse dann diese Verbindung zur Erde und beende die Meditation.

Wut

Wir wollen uns ein wenig näher mit der emotionalen Energie beschäftigen, die in der Frequenz schwingt, die Wut genannt wird.

Wie ihr vielleicht schon bemerkt habt, hat die emotionale Energie nicht sehr viel gemeinsam mit dem Zustand, den ihr als Wut bezeichnet. Es verhält sich vielmehr so, dass ihr der Reaktion eures Körpers auf diese Frequenz diesen Namen gebt.

In dem Wort „Wutanfall" steckt ein bisschen Wahrheit. Wie schon gesagt, befindet sich die Energie um euch herum, da ihr jedoch diese Energie nicht einordnen und schwer kontrollieren könnt, fühlt ihr euch als Opfer dieser Energie - euch also angefallen. Je intensiver die Frequenz einer bestimmten emotionalen Energie ist, desto schwieriger ist sie für euch zu kontrollieren; das heißt, die anerzogenen Mechanismen im Umgang mit dieser Frequenz: sie zu ignorieren, zu unterdrücken oder zu besiegen, indem ihr euch weigert, ihre Gegenwart zu spüren, werden schwieriger durchzusetzen.

Es benötigt viel mehr Willenskraft, Wut nicht zu spüren, als z.B. die niedrigere Schwingung der Trauer. Aus diesem Grunde bereiten auch unterdrückte Wutfrequenzen auf Dauer sehr viel mehr körperliche Probleme als auf Dauer unterdrückte Trauer.

Jegliche Weigerung, den Körper in einer Energie schwingen zu lassen, zieht gesundheitliche Folgen nach sich, die den Wachstumsprozess verlangsamen oder zeitweise sogar verhindern können.

Wut spüren die meisten Menschen in der Magengegend, also im Bereich des Solar-Plexus-Chakra. Der simple Grund dafür liegt darin, dass sich im Sonnengeflecht die meisten freien Rezeptoren für diese Energie befinden, und das liegt daran, dass ihr das Sonnengeflecht am wenigsten kontrollieren könnt. Erstens, weil es eine der großen

Aufnahmepunkte für kosmische Energie ist, und zweitens, weil die dort liegenden eigenen Heilkräfte nicht von euch kontrolliert werden dürfen.

Würde sich jemand zu sehr in diesem Bereich kontrollieren, so gingen ihm nach und nach die eigenen Heilkräfte verloren.

Seid ihr mit der Frequenz der Wut konfrontiert, so spürt ihr diese Vibration als erstes dort. Die meisten Menschen beginnen nun sofort entsprechende Bewertungen im Mentalkörper zu aktivieren, sodass sich die Vibration nur sehr begrenzt über weitere Bereiche des physischen Körpers ausdehnen kann. Da die Frequenz euch sehr penetrant und lästig erscheint, sind die entsprechenden mentalen Bewertungen, die diese Frequenz unterdrücken, ebenso sehr stark.

Dies hat mehrere Tatsachen zur Folge:

1. Der Emotionalkörper, der auf diese Frequenz heftig reagiert, gerät in einen längeren Zustand des Hin-und-hergerissen-Seins zwischen dem weitgehend freien Schwingen in der Frequenz der emotionalen Energie der Wut und dem Abbruch der Schwingung wegen der schnellen mentalen Reaktion.

   „Die Wut ist verraucht", diesen Zustand kennt ihr alle.

   Was dahinter steht, ist die Tatsache, dass die mentalen Strukturen bei dieser Frequenz sehr viel schneller mit Abwehr reagieren als bei langsamen Schwingungen.

2. Wegen der Unterdrückung wird stärkere emotionale Energie dieser Frequenz, also das, was ihr als Wut bezeichnet, im Umfeld der Person aufgebaut.

   Dies geschieht folgendermaßen:

   Es findet eine Projektion oder Verlagerung der Schwingung des Emotionalkörpers „hinaus" in die Aura statt. Das heißt, der Emotionalkörper schwingt nicht mehr in der Energie, aber die Frequenz befindet sich noch in der Aura. Somit wird das lästige Gefühl, bedrängt zu sein, verstärkt im Solar-Plexus spürbar.

Diesen Vorgang bezeichnet ihr als Stress (mentalen). Ihr kämpft permanent dagegen an, weil ihr dieses Gefühl im Solar-Plexus als gefährlich und krank einstuft. Die Wahrheit ist jedoch, dass euch der Kampf gegen diese Energie krank macht, nicht die Energie an sich.

Der Emotionalkörper versucht nun wieder in dieser Frequenz zu schwingen, und es kommt nach „Aufgabe" des Mentalkörpers und seiner Bewertungen (was ziemlich lange dauern kann) zum Wutausbruch, und zum Durchbruch bestimmter Emotionalkörperzellen. Darauf komme ich später zu sprechen.

3. Je mehr ihr versucht, diese Frequenz zu kontrollieren, desto mehr verhindert ihr das Eindringen kosmischer Energie über das Solar-Plexus-Zentrum und ihr verschließt euch eurer eigenen dortigen Heilkräfte.

Es gibt noch weitere Auswirkungen, die hier keine Erwähnung finden.

Nun geht es wie bei allen emotionalen Energien darum, dass ein Gleichschwung aller Körper stattfindet. Natürlich wird das mit steigender Frequenz wegen der mentalen „Abwehr" immer schwieriger.

In Wut kommt es bei vielen Menschen nach einer Zeit des Festhaltens zu einem plötzlichen unerwarteten Loslassen bzw. Herauspressen der Energie. (Auch wenn „loslassen" und „herauspressen" ein Widerspruch zu sein scheint, so sind doch die Vorstellungen, die ihr mit diesen Wörtern verbindet, beide richtig und treffend.) Dies ist der Wutausbruch.

Während des Wutausbruchs wird die Energie mit Hilfe oder besser gesagt, aufgrund der Entscheidung des Mentalkörpers herausgestoßen, um sie los zu sein.

Der Mentalkörper trifft diese Entscheidung aufgrund der Erschöpfung, die durch den „Kampf" gegen diese Frequenz entsteht. Natürlich läuft diese Art der Entscheidungen im Unterbewusstsein ab und ist somit für den einzelnen nicht wahrnehmbar.

Nehmt einmal an, ein Mensch sitzt in einem Park und plötzlich kommen 20 Leute und wollen mit ihm tanzen. Er glaubt sofort, dass ihm Böses geschehen wird und macht sich ganz steif. Nun fangen die anderen an, an ihm zu ziehen und zu zerren, worauf er noch steifer wird und sich enorm anstrengen muss. Irgendwann merkt der Mann, dass er mit dieser Technik nicht weiter kommt, und um die Schar endlich los zu werden, brüllt er plötzlich, wild um sich schlagend, los.

Dies war eine ganz bewusste Entscheidung der Person, um die Menschen los zu werden. Und genauso geschieht es, wenn auf jemanden die emotionale Energie der Wut-Frequenz trifft. Wird die Energie vom Verstand bzw. von bestimmten Anteilen im Verstand als zu bedrohlich eingestuft, so wird die Entscheidung „weg damit" getroffen und es kommt zum Wutausbruch.

Diesem Wutausbruch geht immer die Phase des Unterdrückens der Schwingung der Energie im Emotionalkörper voraus, da ja die Frequenz als bedrohlich eingeschätzt wurde. Eine Hingabe an diese Frequenz und damit die Möglichkeit des Schwingens in ihr würde wie folgt ablaufen:

Der Emotionalkörper würde sofort beginnen, in der gleichen Frequenz zu schwingen. Da der Mentalkörper keine Bewertungen „aussendet", wird diese Energie nicht als lästig empfunden, und somit wird nicht gegen sie angekämpft. Dadurch entsteht keine Spannungssteigerung und „Wut" wird dann eher als sehr dynamische Aktivität, vom Solar-Plexus ausgehend, im ganzen Körper erfahren. In unserem Beispiel hätte der Mann von Anfang an mit den Menschen getanzt.

Das heißt: je mehr ihr lernt, in dieser Frequenz zu schwingen, desto weniger Wutausbrüche werdet ihr bekommen, ja desto weniger Wut werdet ihr spüren.

Das heißt aber nicht, dass, wenn eine Person keine Wutausbrüche hat, sie immer harmonisch in dieser Frequenz schwingen kann. Zur Zeit ist noch niemand auf der Erde in der Lage, dies zu tun. Ganz im Gegenteil: die Unterdrückungsmechanismen sind absolut perfekt.

Je mehr ihr lernt, diese Schwingung nicht als bedrohlich einzustufen, um so mehr könnt ihr die Energien des Solar-Plexus-Zentrums nutzen. Denn da ihr eure Wut hauptsächlich im Solar-Plexus spürt, glaubt ihr, alles was sich in diesem Bereich abspielt, hätte mit Wut zu tun, und damit könnt ihr die anderen Potentiale eures Solar-Plexus-Zentrums ebenfalls nicht nutzen.

Noch ein wichtiger Hinweis zu unserem Beispiel: Die Menschen, die mit dem Mann tanzen wollen, sind Symbol für die Frequenz der Wut. Es sind nicht Menschen, die wütend sind!

Da das Sich-Abgrenzen, seinen Raum einnehmen mit Hilfe des Solar-Plexus-Zentrums geschieht, glauben die meisten Menschen, Abgrenzung sei gleichbedeutend mit Wut. Dies ist absolut nicht der Fall.

Nun zurück zu den Vorgängen in den einzelnen Ebenen der Persönlichkeit während der Schwingung der Frequenz der Wut.

Das, was ihr als heilenden Umgang mit Wut betrachtet, ist nichts weiter als eine Verstandesentscheidung, die Energie loszuwerden. Mit Loswerden ist in diesem Falle gemeint, die Anspannung los zu werden, unter der die Persönlichkeit steht, weil es nicht von Anfang an möglich war, in der Frequenz der Wut zu schwingen.

Welche Anteile sind es nun, die im Verstand oder Mentalkörper die Verantwortung dafür tragen bzw. die Entscheidung treffen, dass die Frequenz der Wut bedrohlich ist?

Es ist eine Art von Rezeptoren, die weder frei, noch verkrustet oder verklebt sind. Es sind solche Rezeptoren, die grundsätzlich bei allem dem Organismus Gefahrbringendem entscheiden: „weg damit". Diese kommen jedoch erst dann ins Schwingen, wenn der Emotionalkörper bzw. seine freien Rezeptoren schon heftig vibrieren und der physische Körper zu reagieren beginnt, nämlich z.B. mit einem Kribbeln in der Magengegend.

Da der Verstand seit langer, langer Zeit fast alle Körpergefühle als „feindlich" bzw. „ihm gefährlich werdend" einstuft, wartet der Mentalkörper nicht lange genug, bis seine analogen Rezeptoren zu schwingen beginnen. Somit werden keine verkrusteten und verklebten Rezeptoren gegen freie ausgetauscht. Der Mentalkörper beginnt hingegen schlagartig mit dem Aktivieren der „weg damit"-Rezeptoren. Darauf reagiert der Emotionalkörper sofort, mit dem Einschränken der freien Schwingung.

Die einzelne Zelle im Emotionalkörper wird durch Verkleinerung des ihr zur Verfügung stehenden Raumes an der Vibration gehindert, sodass es zum Durchbruch durch diesen Raum und physisch zum Wutausbruch kommt.

Man könnte sich eine weit schwingende Kirchenglocke vorstellen, die ganz plötzlich von Mauern umgeben ist. Da sie den Schwung nicht bremsen könnte, würden die Mauern zerbrochen werden.

Diese Mauern bzw. die plötzliche Verkleinerung des zur Verfügung stehenden Raumes für die Vibration entsteht durch die Angst, die nach der und wegen der „weg damit"-Einstufung des Mentalkörpers hervorgerufen wird. Dieser Mechanismus ist ein sehr wichtiger Überlebensmechanismus, und die schnelle Reaktion des Emotionalkörpers und der anderen Körper in Gefahrensituationen ist sehr wichtig. Doch in „harmlosen" Situationen, in denen der Mentalkörper z.B. durch die Stimulierung von Todeserfahrungen aus vorherigen Leben derart reagiert, behindert er euer Wachstum. Die Angst ruft eine Lähmung hervor und eine Erstarrung oder Verhärtung des weichen flexiblen Gewebes, in dem die Zellen des Emotionalkörpers schwingen, sodass es zum „Bruch" in diesem Gewebe kommt.

Wenn ich hier von Gewebe spreche, so meine ich Emotionalkörpergewebe, welches anders als Mentalgewebe aufgebaut ist. Doch dazu kommen wir später.

Kommen wir nun dazu, wie ihr in dem Moment handeln könnt, wenn euch die emotionale Energie der Wutfrequenz trifft, um mit eurem Körper zu tanzen und Heilung zu kreieren. Heilung in allen Bereichen eurer Persönlichkeit zugleich.

Erinnert euch, dass die Persönlichkeit aus Mental-, Emotional-, ätherischem und physischem Körper besteht; es gibt somit auch auf all diesen Ebenen Abwehrmechanismen, oder richtiger formuliert, Lähmungen und Verhärtungen, die den freien Fluss verhindern.

Stellt es euch einmal so vor: es kommt jemand mit einer wundervoll duftenden Blume auf euch zu. Ihr ergreift sie und riecht ihren Duft, atmet ihn tief ein. Alle von euch haben das schon erlebt. Mit dem Einatmen des Duftes merkt ihr, wie sich langsam euer Geist und euer Körper entspannen und der Emotionalkörpers frei schwingen kann.

Stellt euch nun weiter vor, wieder käme jemand mit einer Blume zu euch, doch diesmal wäret ihr der festen Überzeugung, dass diese Blume den allerscheußlichsten Gestank verbreitet, den ihr euch vorstellen könnt.

Was würdet ihr tun, wie würde euer Körper reagieren?

Jeder Muskel in eurem Körper würde sich zu verhärten beginnen, euer ätherischer Körper würde sich zusammenziehen, um nicht in Kontakt mit diesem abgelehnten und als schlecht eingestuften Gegenstand zu kommen.

Sollte der Mensch mit der Blume euch dennoch zu nahe treten, würde sich eure Reaktion so weit steigern, bis euer Emotionalkörper derart vibrierte, dass es zu einer massiven Reaktion, egal welcher Art, kommen müsste.

In diesem Beispiel würde der Mentalkörper wieder die „weg damit"-Reaktion anwenden, weil ihr bei der Ablehnung eines Geschenkes sehr starke Bewertungen habt. All diese Reaktionen wären einzig und allein aus dem Grund passiert, weil ihr geglaubt habt, die Blume würde stinken.

Genauso reagiert ihr, wenn ihr mit der emotionalen Energie einer bestimmten Frequenz in Berührung kommt. All eure Glaubensmuster erlauben euch nicht, eine Reaktion zu erleben, wie ihr es aus dem Beispiel mit der wunderbar duftenden Blume kennt.

Es geht also darum, dass ihr lernt, euch dem Energiefluss hinzugeben und damit der in euch wirkenden Energie so wenig Hindernisse wie möglich bereitet.
Dazu möchte ich euch eine kurze, aber sehr effektive Meditation vorschlagen.

Meditation zum emotionalen Fluss

Schließt die Augen und setzt oder legt euch bequem hin.
Verbindet euch mit der Erde.
Stellt euch nun vor, ihr watet in einem Fluss aus lila Licht. Seht, wie es glänzt und schillert, spürt das fließende Wasser an euren Beinen.
Nun bemerkt ihr, dass hier und da das Licht nicht ungehindert fließen kann, weil es auf Steine stößt. Und deswegen beginnt ihr nun, diese Steine aus dem Weg zu räumen, wobei ihr euch langsam flussaufwärts bewegt.
Manchmal werdet ihr sehr große Steine auf eurem Weg finden, aber seid unbesorgt: euch wird immer zur rechten Zeit das Richtige in den Sinn kommen, um auch sie zur Seite zu schaffen.
Sollte es euch trotzdem einmal nicht gelingen, dann räumt erst andere Steine aus dem Weg, bevor ihr wieder zu diesem großen Stein kommt.

Bringt jedes Mal, wenn ihr diese Meditation macht, soviel Steine wie möglich ans Ufer.
Beendet die Meditation nach frühestens zehn Minuten.
Mit dieser Meditation werdet ihr an euren Mentalkörper die Botschaft schicken, mehr und mehr seine alten, festgefahrenen Überzeugungen loslassen zu können, ohne die Angst zu aktivieren, es könnte etwas Wichtiges verloren gehen.

Nun möchte ich noch kurz darüber sprechen, was bei der Energie der Wut in eurem Ätherfeld geschieht.

Ich möchte hier noch einmal darauf hinweisen, dass die Formulierung sehr ungenau ist, richtiger wäre es zu sagen:

Wir wollen uns ansehen, was im Ätherkörper geschieht, wenn der Emotionalkörper auf eine bestimmte emotionale Energie in seinem Umfeld mit dem Körpergefühl antwortet, das ihr Wut nennt.

Vielleicht wundert euch die Formulierung, der Emotionalkörper antwortet mit einem Körpergefühl.

Es ist aber tatsächlich für unser jetziges Modell die am ehesten zutreffende Formulierung, da der Emotionalkörper die Energie liefert, die sich auf den physischen und ätherischen Körper auswirkt.

Nun jedoch zurück zum ätherischen Körper. Dieser hat grundsätzlich den Wunsch, sich mit anderen Energien auszutauschen, zu verbinden und ineinander zufließen.

Taucht also in der Umgebung eines Menschen verstärkt eine Energie mit dieser Frequenz auf , so versucht der Ätherkörper zunächst, sich in diese Richtung hin zu bewegen. Dies geschieht nicht nur bei dieser Frequenz, sondern bei allen anderen auch. Man könnte sagen, er streckt seine Fühler aus, um abzutasten, worum es sich handelt und sich zu verbinden, denn das ist sein Naturell. Dann kommt es ziemlich schnell zu einer tatsächlichen Aufnahme und der beginnenden Integration der Energie, was im Emotionalkörper zu dem oben beschriebenen Vorgang führt und der ganze Mechanismus in Gang kommt, den ihr als Wut bezeichnet.

Nach dem Durchbruch der emotionalen Anteile, dem äußerlichen Wutausbruch, zieht sich der ätherische Körper so weit zusammen, wie es nur geht, um nicht wieder mit dieser vom Mentalkörper als schlecht eingestuften Energie in Berührung zu kommen. Das heißt, auch hier hat wieder der Mentalkörper die Oberhand über das, was in den anderen Körpern geschieht.

Das Sich-Zusammenziehen des ätherischen Körpers entspricht nun in keiner Weise seiner Natur, läuft ihr sogar zuwider und somit findet etwas Ähnliches statt, das ihr in anderen Zusammenhängen als Autoaggression bezeichnet.

Der ätherische Körper muss einen großen Teil seiner Energie dafür verwenden, sich schrumpfen zu lassen. In manchen Fällen, wenn sein eigenes Energiepotential dazu nicht ausreicht, bedient er sich sogar der Energien anderer.

Diese autoaggressive Reaktion hat nun zwei Folgen:

1. der gesamte Energiehaushalt des Menschen wird geschwächt und er muss einige Mühe aufbringen, um sein ursprüngliches Energieniveau wieder zu erreichen.
2. Es schwächt den physischen Körper, der dann sehr viel schneller anfällig für Krankheiten wird.

Im Fall der physisch manifesten, autoaggressiven Krankheiten ist der Vorgang, der sich täglich mehrmals in eurem Leben abspielt, äußerlich sichtbar geworden. Aus dieser Sicht gibt es nur sehr wenige Krankheiten, die nicht aus autoaggressiven Zusammenhängen bestehen. Zur Zeit ist es jedoch nicht wichtig, diese zu kennen. Hier sei nur kurz erwähnt, dass es Krankheiten verschiedenster Symptomatiken sind, die durch das bewusste Vorgehen der Seele manifestiert wurden.

Ich möchte nun abschließend noch einmal zusammenfassen, was in allen Persönlichkeitsebenen geschieht, wenn die Persönlichkeit diese Erfahrung macht.

Der Ätherkörper empfindet eine emotionale Energie, der er sich nähert, zwecks Verbindung und Wachstum. Daraufhin reagiert der Emotionalkörper: es beginnen seine für diese Frequenz freien Rezeptoren mit der Anpassung oder Übernahme dieser Frequenz. Durch die Art der Frequenz wird sofort der physische Körper - vor allem im Sonnengeflecht - stimuliert, das heißt, auch dort hat ein Gleichschwung begonnen. Durch die deutlich im Körper zu spürende, heftige Reaktion, (und heftig sei hier weder durch positive noch durch negative Bewertung belastet, sondern soll nur dazu dienen, das Ausmaß der Reaktion auf die Frequenz zu beschreiben) reaktiviert der Mentalkörper die Anteile, die „weg damit" aussenden. Durch diesen „Befehl" erstarrt das Gewebe des Emotionalkörpers, welches die schwingenden Teile umgibt und der Raum wird durch die noch anhaltende Schwingung verletzt. Es entstehen Löcher und Wunden im Emotionalkörper, darauf kommen wir später zu sprechen.

Der ätherische Körper zieht sich so schnell und so konsequent es ihm möglich ist zusammen, wodurch es zu einer Schwächung kommt.

Nach der Regeneration, was je nach Persönlichkeit unterschiedlich lange dauert und abhängig ist vom energetischen Fluss im Körper, vom Heilfluss im Solar-Plexus-Zentrum und von der Fähigkeit, Energie aus dem Kosmos aufzunehmen, wiederholt sich der Vorgang, so oft ihr es zulasst.

Ich möchte noch kurz darauf zu sprechen kommen, wie es geschieht, dass sich Wut in eurem Umfeld aufbaut.

Zum einen sind es oft andere Menschen, die bereits in dieser Frequenz schwingen und sie somit in das Umfeld anderer Menschen bringen. Oftmals sind es aber auch bestimmte Erinnerungen des Mentalkörpers (egal wie weit diese Erfahrung zurückreicht), die durch Situationen oder einfach nur durch Gedanken ausgelöst werden. Dabei ist es egal, ob die betroffene Person in Gesellschaft ist oder alleine. Durch diese Gedanken oder Erinnerungen werden natürlich die entsprechenden Anteile des Emotionalkörpers aktiviert. Da der Verstand aber weiß - es dem Menschen also bewusst ist -, dass die heutige reale Situation nichts aufweist, was diese emotionale Reaktion rechtfertigt, sind gleichzeitig mit der Erinnerung all diejenigen Anteile des Mentalkörpers aktiviert, die ihre Bewertung darüber aussenden. Dadurch kommt der

Emotionalkörper nicht in die Lage, seine Anteile schwingen zu lassen, und er bringt dann sozusagen die Energie, die an diese Schwingung gebunden ist (Bewegung ist Energie), nach außen in die Aura. Dort können sich unglaubliche Mengen von Energie der nicht schwingenden Anteile des Emotionalkörpers aufhalten. Dies ist solange möglich, bis der Emotionalkörper nicht mehr in der Lage ist, diesen Vorgang zu wiederholen. Dann beginnen trotz aller Bewertungen des Mentalkörpers bestimmte Anteile des Emotionalkörpers zu schwingen, der ätherische Körper beginnt sich in Richtung dieser Energie auszudehnen, und es kommt dann zu dem oben beschriebenen Wutausbruch.

Ihr alle kennt Menschen, bei denen man die Wut spüren kann, auch wenn sie freundlich sind.

Der Emotionalkörper ist natürlich in der Lage, jede emotionale Frequenz in die Aura zu verlagern! Wenn dies zum Beispiel mit der Frequenz der Trauer geschieht, dann spürt die betreffende Person jedoch kein lästiges Gefühl im physischen Körper, und somit kommt es dann, nicht so häufig wie bei der Wut, zu einem plötzlichen Trauerausbruch.

Dies hängt mit den unterschiedlichen Bewertungen der beiden Frequenzen zusammen.

Durch die Unterdrückung der Schwingung wird also die gesamte Persönlichkeit geschwächt.

Es ist Zeit, dies zu verändern, um Wachstum noch umfangreicher zuzulassen.

Ich möchte jetzt noch auf das Thema Abgrenzung eingehen.

Wie schon erwähnt, hat Abgrenzung nichts mit Wut zu tun. Oder sagen wir besser: sie sollte im besten Falle nichts mit Wut zu tun haben.

Angenommen, es kommt ein Kind auf euch zu mit einer bestimmten Bitte. (Ich wähle das Beispiel mit dem Kind, da ihr euch Kindern gegenüber am schlechtesten abgrenzen könnt.)

Ihr möchtet diesem Kind, aus welchen Gründen auch immer, den Wunsch nicht erfüllen und sagt „Nein". Das Kind gibt sich natürlich mit dieser Antwort nicht zufrieden und beginnt zu betteln. Also müsst ihr euer „Nein" wiederholen, Argumente finden, beschwichtigen und so weiter. Das Kind lässt nicht locker, und so werdet ihr langsam, aber sicher ungeduldig.

Nun gibt es mehrere Möglichkeiten, wie eine Person reagiert, je nach der Bewertung der Situation, der stimulierten alten Erfahrungen und der erlernten Muster, mit derartigen Situationen umzugehen.

Einige Menschen werden sich gar nicht abgrenzen und dem Kind schließlich doch den Wunsch zu erfüllen. Dann gibt es diejenigen, bei denen der oben beschriebene Vorgang beginnt, bis es zum Wutausbruch kommt und sie das Kind anschreien oder Schlimmeres tun. Hier wird deutlich, dass dieser Vorgang durch Erinnerung an alte Erfahrungen ausgelöst wurde.

Es gibt aber auch die Möglichkeit, sich an die „abgrenzende" Energie, so wie ich sie nennen möchte, anzuschließen, sie ein wenig zu komprimieren und dann über Augen, Stimme, Atmung und Körperhaltung auszudrücken. Dabei kann die Stimme entweder laut oder leise sein. Wichtig ist, dass die Energie für das Kind in unserem Beispiel sichtbar und spürbar wird. Der Mensch, der dies tut, ist nicht in Wut, sondern benutzt seine Solar-Plexus-Energie bzw. eine bestimmte Qualität der Solar-Plexus-Energie zur Abgrenzung. Dabei spürt er deutlich die Energiebewegung in der Solar-Plexus Gegend.

Ebenso verhält es sich mit der Abgrenzung Erwachsenen gegenüber, wobei die meisten von euch zur Zeit sich entweder gar nicht oder in Wut abgrenzen, obwohl letzteres keine Abgrenzung ist, sondern die „weg damit"- Reaktion aus Angst.

Freude

Wenn wir über Freude reden, so möchte ich sagen, dass das, was ihr als Freude bezeichnet, in Wirklichkeit allenfalls eine freudige Erregung ist und damit weit entfernt von dem, was die Frequenz der Freude beinhaltet.

Ich werde also zunächst auf das eingehen, was als emotionale Energie mit der Frequenz schwingt, die den Begriff der Freude verdient. Dafür könnten wir den Begriff Entzücken oder Glückseligkeit benutzen.

Genaugenommen gehört Glückseligkeit nicht zu den emotionalen Energien, denn es ist eine Schwingung, die aufgrund der Verbindung zum Göttlichen in euch entsteht.

Glückseligkeit ist der selbstverständliche Zustand, in dem ihr seid, wenn alle begrenzenden Muster von euch abgefallen sind.

Ich bitte euch, all eure Vorurteile und negativen Besetzungen von diesen Begriffen zu entfernen und euch so weit wie möglich dem nun Folgenden zu öffnen:

Seit langer Zeit ist mit den Begriffen Glückseligkeit und Entzücken das gemeint, was gläubige Menschen - in eurer Tradition: Christen - als tiefe Begegnung mit Gott erfahren, mit seiner Liebe und Barmherzigkeit. All diese Formulierungen sind aus eurem Sprachgebrauch verlorengegangen, weil ihr aufgrund der Erfahrungen mit der Kirche das Christentum weitgehend ablehnt. Dadurch gehen euch wichtige Dinge verloren und ihr beginnt, in anderen Religionen und Philosophien nach ihnen zu suchen; dort, wo ihr glaubt, dass eure Sehnsucht am umfassendsten befriedigt werden kann. Dabei bleibt euch meist verborgen, dass es sich um Tatsachen handelt, die ihr im Christentum auch hättet finden können. Einzig die andere Art der Formulierungen und die unterschiedliche Wortwahl lässt euch annehmen, ihr wäret auf etwas vollkommen Fremdes, Neues und sogar Besseres gestoßen.

Nehmt nun einfach einmal an, ihr würdet gar nichts über das Christentum wissen und würdet euch mit einer neugierigen offenen Haltung den christlichen Definitionen und Erklärungen der Begriffe Glückseligkeit und Entzücken nähern, die in Wahrheit nicht ausschließlich christliche Definitionen sind.

In beiden Zuständen handelt es sich immer um eine sehr tiefe emotionale Erfahrung, die den Erfahrenden mit einer größeren oder höheren Ebene, Wahrheit, Wesenheit, Kraft oder Energie verbindet. Diese Verbindung zu der eigenen Seele oder die Verbindung der Seele zu einem höheren Aspekt - sei es nun eine andere Seele, ein Meister oder die Quelle, also das, was von den Christen als Gott bezeichnet wird - ist auf einmal dem Ich, der Persönlichkeit, vollkommen bewusst und vor allem fühlbar. Das heißt, der Erfahrende weiß nicht um die Verbindung, sondern er fühlt die Verbindung.

Der Teil, mit dem ihr als erstes diese Verbindung fühlt, ist euer Herz, einfach weil in diesem Bereich die meisten freien Rezeptoren liegen, die diese hohe Schwingung, die während dieser Erfahrung im Emotionalkörper entsteht, aufgreifen.

Je intensiver nun die Verbindung zu höheren Dimensionen gespürt wird, desto stärker kommt man in den Zustand des Entzückens, der Glückseligkeit. Wichtig ist dabei, dass die Verbindung immer aus Liebe besteht, die von der höheren auf die niedrigere Ebene fließt. Während einer Begegnung mit höheren Dimensionen, bei der es nicht zum Fließen von Liebe kommt, weil der Mensch die Liebe nicht empfangen kann, kommt Glückseligkeit und Entzücken nicht zustande.

Da diese Verbindung das Ziel der meisten christlichen Vereinigungen war - egal welche kleinen, sagen wir, organisatorischen Unterschiede es in den verschiedenen Richtungen gab - und gleichzeitig im Namen des Christentums viel Grausames geschehen ist, haben euer Verstand und euer Mentalkörper reichlich Mühe, das, was euch nützlich ist, von dem zu unterscheiden, was euch nicht nützlich ist.

Ich würde zwischen Entzücken und Glückseligkeit den Unterschied machen, dass es sich bei der Glückseligkeit um einen konstanten, lang anhaltenden Zustand handelt, während das Entzücken von kurzer Dauer ist.

Da viele Menschen diesen Zustand anstreben, tun sie alles mögliche, um eine ständige Verbindung „nach oben" zu haben. Viele geraten dadurch in echte Probleme mit anderen Menschen und vor allem mit sich selbst.

Was ihr nicht seht oder bis jetzt nicht sehen konntet, ist, dass die Verbindung mit höheren Ebenen nicht die alleinige Art und Weise ist, Glückseligkeit zu spüren. Glaubt nicht länger, dass das einzige Ziel - die Verbindung zu Gott - nur in der Meditation möglich sei, wobei der physische Körper, ja die gesamte Persönlichkeit diesem Ziel im Wege sei.

Es gibt unzählige Arten, diese Schwingung in euch zu erzeugen. Ihr müsst es nur zulassen. Um dies zu erreichen, braucht ihr den Körper; also versteht bitte, dass es widersinnig ist, diesen zu verurteilen und ihn als Hindernis zu betrachten.

Lasst uns nun ansehen, was in der Persönlichkeit geschieht, wenn sie auf emotionale Energie dieser Frequenz stößt. Erinnert euch, dass ihr euch die ganze Zeit in emotionalen Energien bewegt, nicht nur während der Meditation. Also könnt ihr jederzeit Glückseligkeit erleben!

Die Frequenz des Entzückens oder die Frequenz, die bei euch Entzücken hervorrufen kann, ist eine sehr hohe Schwingung und daher nicht für jeden spürbar. Dies hat auch dazu geführt, anzunehmen, dass für das Spürbar-Machen dieser Frequenz ein Training in Kontemplation nötig ist. Heute kann sich jeder dieser Frequenz gegenüber öffnen, wenn er einige Muster löst, die der Mentalkörper reaktiviert, wenn diese Frequenz „ertastet" wird. Die Rezeptoren im Mentalkörper beginnen die

Frequenz aufzunehmen und mit ihr zu vibrieren. Fast zeitgleich kommt es zu einer starken Reaktion vieler verschiedener Anteile im Mentalkörper - und zwar all jener, die diese Frequenz nicht erkennen, nicht „spüren". Einige Anteile wollen die Frequenz identifizieren. Währenddessen dürfen Emotional-, Äther- und physischer Körper nicht in dieser Frequenz schwingen, weil der Verstand alles ihm Unbekannte stark verurteilt. Je mehr der Verstand versucht, die Frequenz zu analysieren, desto weniger kann er „erlauben", in dieser Frequenz zu schwingen.

Dadurch verhindert er die Erfahrung, in einer Frequenz zu schwingen, die in euch entsteht, wenn ihr euch mit dem allgegenwärtigen Liebesfluss verbindet, der uneingeschränkt innerhalb und außerhalb von allem existiert; also mit demjenigen, was allem Existierenden Leben gibt.

Leben und Liebe sind Synonyme.

Die Anteile in Mentalkörper, die die Frequenz identifizieren sollten, hören auf zu schwingen und damit ist eine Identifikation der Frequenz nicht möglich. Und so wiederholt sich dieser Vorgang immer und immer wieder. Frustriert behauptet ihr, die Frequenz, die ihr suchtet, die allgegenwärtige Liebe oder die göttliche Kraft würde nicht existieren. Die Sehnsucht, diese Erfahrung zu machen, wächst, während die Hoffnung und damit die Wahrscheinlichkeit, dies zu erleben, sinken.

Euch wird nun klar, warum das Spüren der Glückseligkeit am häufigsten in der Meditation auftritt, nämlich, weil der Mentalkörper weitgehend von den anderen Körpern isoliert wird und damit den größten Teil seiner Kontrolle über die anderen Teile aufgeben muss.

Es geht also darum, die kontrollierende Wirkung des Verstandes herabzusetzen. Und wer einmal so ein Glückseligkeitserlebnis hatte, dem fällt es leichter, dies ein zweites, drittes und viertes Mal zuzulassen. Denn dann kann der Mentalkörper alle Anteile, die in ihm frei sind, in dieser Frequenz schwingen lassen. Und dies löst nach und nach immer mehr Anteile, sodass immer größere Teile des Mentalkörpers zu schwingen beginnen, was sich dann auf die anderen Körper auswirkt, bzw. überträgt.

Mit „lösen" ist hier der Vorgang gemeint, durch welchen die betreffenden Anteile des Mentalkörpers in Schwingung versetzt werden. Darauf kommen wir später noch zu sprechen.

Zunächst möchte ich euch jedoch eine kleine Meditation geben, mit der ihr die Wissenschaftler im Mentalkörper beruhigen könnt.

Meditation zur Beruhigung der Wissenschaftler im Mentalkörper

Setzt oder legt euch bequem hin und verbindet euch mit der Erde.

Stellt euch nun vor, ihr seid in einem großen, weißen, sterilen Labor, in dem viel herumsteht, was ihr nicht identifizieren könnt. Ihr wisst, dass es eure Aufgabe ist, alles gedanklich erfassen zu können. Und so beginnt ihr mit dem ersten Gegenstand, der euch in die Hände fällt. Ihr tragt diesen in einen anderen Raum. Ihr gebt allen anderen in dem Labor arbeitenden Menschen die Anweisung, weiterzuarbeiten und sich von nichts abhalten zu lassen. Im Nebenzimmer dann untersucht ihr den Gegenstand, merkt aber, dass er so isoliert nicht tauglich und nicht zu verstehen ist. Also bringt ihr ihn an Ort und Stelle zurück und lasst ihn wieder seine Funktion erfüllen, während ihr zuschaut was geschieht.

Nun erkennt ihr die Funktion, Aufgabe und den Sinn des Gerätes.

Ihr begreift, dass ihr euch auf irgendeine Art mit dem Gerät unterhalten könnt, ihm Fragen stellen könnt, während alles im Labor weiter funktioniert.

Beendet die Meditation nach ca. fünf Minuten.

Wenn ihr diese Meditation täglich über einen sehr langen Zeitraum hinweg macht, wird sich unglaublich viel in eurem Leben verändern. Ihr werdet euch einen völlig neuen Umgang mit dem Unbekannten aneignen. Mit dem Unbekannten meine ich alle Situationen und Menschen, die euch begegnen, ohne dass ihr vorher etwas davon wusstet. Da jeder in die meisten zukünftigen, also unbekannten Ereignisse vergangene schlechte Erfahrungen projiziert, ist natürlich die Angst vor dem angeblich Unbekannten entsprechend groß. Dies verändert sich mit dem ständigen Wiederholen der Meditation.

Wir wollen nun weiter über die Freude bzw. Glückseligkeit reden. Was geschieht im einzelnen in eurem Emotionalkörper?
Wenn das oben Beschriebene eintritt, nämlich, dass der Mentalkörper die allererste Kontrolle übernimmt und damit alles weitere verhindert, dann kommt es zu keiner Vibration im Emotionalkörper, das heißt, die Energie wird als solche nicht wahrgenommen. Wenn jedoch der Mentalkörper mit höherem Bewusstsein verbunden oder anders beschäftigt ist, z.B. in der Entspannung, dann beginnen zunächst einige Anteile des Emotionalkörpers in der Herzgegend zu vibrieren. Da die Energie sehr hoch schwingt, beginnen auch die entsprechenden Anteile in dem ätherischen Körper zu schwingen. Dann breitet sich die Zahl der schwingenden Teile solange aus, bis vom Mentalkörper der Befehl: „Anhalten" kommt.

Während nun im Emotionalkörper und im Ätherkörper die freien Rezeptoren schwingen, kommt es zu einer starken Energieaufnahme im Ätherkörper.
Dieser Energiezuwachs unterstützt dann das Herauslösen alter, emotionaler Muster - also Zellen aus dem Emotionalkörper - und füllt gleichzeitig den Ort, wo Anteile fehlen, mit Energie. Dadurch kommt es zu einer vermehrten Anzahl von sich in Schwingung befindenden

Teilchen, mit welchen der Ätherkörper nach und nach mehr und mehr Energie aufnimmt.

Während dieses Vorgangs beginnen langsam - sehr viel langsamer als bei den anderen emotionalen Energien - alle freien Rezeptoren im Mentalkörper zu schwingen, die damit wiederum eine Veränderung im Mentalmusterkleid hervorrufen. Je öfter sich der Vorgang wiederholt, um so größer wird die „Gelassenheit" des Verstandes dieser Frequenz gegenüber. Dies führt zu einem grundsätzlichen Vibrationsanstieg in der Persönlichkeit.

Gleichzeitig mit der Schwingung der Mentalkörperrezeptoren beginnt sich der physische Körper dieser Frequenz zu öffnen. Nämlich genau dann, wenn der Ätherkörper ein gewisses Energiepotential erreicht hat. Die Energie fließt dann via Chakras und Drüsen in den physischen Körper. Mit Hilfe dieser Energie werden im Körper manifeste Strukturen, das heißt, Verhärtungen, Stauungen und Blockaden, die die Vorläufer von Krankheiten sind, gelöst und transformiert. Das hat dann zur Folge, dass mit zunehmender Anzahl dieser Erlebnisse oder einfach gesagt, mit der Häufigkeit des Spürens dieser Energie, der Körper sich regeneriert, gesundet und für immer höhere Schwingungen und Lichtstrahlungen empfänglich wird.

Dieser Zustand klingt dann langsam ab, wenn der Mentalkörper durch ein beliebiges Ereignis aus diesem Zustand der Ruhe oder Beschäftigung gerissen wird.
Das Ende des Spürens der Glückseligkeit ist zur Zeit noch genauso natürlich wie ein Ende der Wut, Trauer oder Angst. In einigen Jahren wird sich der Umgang mit allen Emotionen stark verändert haben. Je mehr der Mensch in der Lage ist Glückseligkeit zu spüren, desto weniger vibriert er in Wut, Angst oder Trauer. Viele neigen dazu, zu glauben, das Ende so genannter negativer Emotionen (wonach sich

jeder sehnt), beruhe auf der Gnade von irgendjemandem, während das Ende eines eher positiven Gefühls als persönliches Versagen gewertet wird.

Bitte nehmt euch einen Moment Zeit, um diese Tatsache mit all ihren Auswirkungen zu begreifen.

Ich möchte euch nun noch veranschaulichen, was in dem Zustand geschieht, den ihr als Freude bezeichnet und der meist, im Gegensatz zur Glückseligkeit, durch auffällige körperliche Gesten begleitet wird.

Diese Frequenz ist der Frequenz der Wut sehr ähnlich und einige werden sicher gemerkt haben, dass es manchmal schwierig ist, sie zu unterscheiden.

Alle Strukturen der Persönlichkeitsebene sind gerne bereit, mit dieser Frequenz zu schwingen. Und ihr könnt daraus gut lernen, wie es sein kann, wenn alle eure Körper „einer Meinung" sind und sich der Energie so weit wie möglich öffnen, sodass alle freien Rezeptoren vibrieren und ein starker Austausch von Ätherkörper zu physischem Körper, von Ätherkörper zu Emotionalkörper, von Ätherkörper und Emotionalkörper zu Mentalkörper und umgekehrt stattfindet.

Während des Zustandes der Freude wird ein hohes Maß an Heilungsarbeit in allen Körpern getan und es werden verkrustete Rezeptoren gelöst und in freie verwandelt. In die Zellen des physischen Körpers wird Energie aufgenommen und es werden mentale und emotionale Strukturen gelöst. Da nun aber die Frequenz der Freude der Frequenz der Wut sehr ähnlich ist, obliegt sie teilweise ähnlichen Bewertungskriterien, die dann, aktiviert vom Mentalkörper, genau den gleichen Prozess in Gang setzen wie bei der Wut.

Achtet bitte darauf, wie oft ihr Bewertung auf eurer Freude habt.

Zusätzlich kommt es aufgrund der sehr viel niedrigeren Schwingung als bei der Glückseligkeit zu einer weniger dauerhaften Heilung, das heißt, die alten Strukturen werden zwar gelöst, aber nicht aus dem Körper herausgetrennt und transformiert, sodass sich die alten Strukturen schnell wieder manifestieren können. Ebenso kann der physische Körper - und das um so stärker, je größer die Bewertung ist -, die Energie schnell wieder herausstreuen und damit den ursprünglichen Zustand wieder herstellen. Die meisten depressiven Menschen wissen, wie es sich anfühlt, nach einer Phase der Freude wieder zurück in die Depression zu „rutschen". Um all dem entgegenzuwirken, ist es dringend erforderlich, auf Bewertungen zu achten und diese mehr und mehr abzubauen.

All die emotionalen Energien bestehen, wie zu Anfang schon erwähnt, nicht in ihrer Reinform, sodass viele Vermischungen vorkommen. Ihr alle kennt es z.B., wenn die Menschen, die lachen, so aussehen als würden sie weinen. Das geschieht zum einen aufgrund von Vermischungen emotionaler Energien, zum anderen kommt es daher, dass die Frequenzen von Trauer, Wut und Angst sehr ähnlich schwingen, das heißt, die Frequenzamplitude ist nicht sehr unterschiedlich. Oft werden dann Bewertungen für die eine Frequenz auch auf die anderen übertragen.

In Freude schwingen neben den Rezeptoren im Emotionalkörper auch die entsprechenden freien Rezeptoren im Mentalkörper, nach kurzer Zeit jedoch werden Bewertungen zu diesen freien Freude-Rezeptoren im Mentalkörper stimuliert, nehmen wir an, für jeden Rezeptor ein Anteil Bewertung. Etwas später werden Bewertungsanteile aktiviert, die eine Ähnlichkeit zu der Ersteren haben, aber in der Trauerfrequenz ihre freien Rezeptoren haben. Damit werden nun rückwirkend diese stimuliert und beginnen zu schwingen.
Ein Beispiel dazu:
Stellt euch vor, ihr seid in einem Bus voller Menschen. Plötzlich steigt ein sehr froher Mensch ein und singt ein Lied. Nach und nach, beginnen

fünf Leute mit zu singen und alle bekommen gute Laune und fröhliche Gesichter. Dann fängt ein sechster an zu singen, auch ihm gefällt das Lied. Gleichzeitig aber erinnert er sich daran, dass seine Tante bei diesem Lied beerdigt wurde, und er beginnt zu weinen und singt sein Lied weiter. Auch dies bringt für den traurigen Sänger eine Lösung, ein Loslassen verkrusteter Rezeptoren.

Es können also gleichzeitig Rezeptoren verschiedener, aber ähnlicher Frequenzen gelöst werden. Über diese Vermischung werden wir im nächsten Kapitel reden.

Erinnert euch, dass verkrustete Rezeptoren dann entstehen, wenn die Bewertungen aus alten, ungelösten Erfahrungen – egal, wie lange diese zurückliegen - heute noch im Mentalkörper vorhanden sind, obwohl die Situation, in der damals diese Muster entstanden sind, sich heute nicht mehr so zutragen würde, und die Bewertung somit keine Gültigkeit mehr hat. Aufgrund des Musters kann eine freie Schwingung in den Körpern nicht zugelassen werden und es kommt zur Verkrustung.

Zwischenfrequenzen

Wir wollen nun über die verschiedenen Zwischenfrequenzen sprechen, die ich der Einfachheit halber als Empfindungen bezeichnen will.
Empfindungen sind im Gegensatz zu den Gefühlen Frequenzen, die die Übergänge von einem Gefühl zum anderen bilden, oder aber Zustände, in denen zwei verschiedene Frequenzen zur gleichen Zeit auftreten, auch wenn nicht beide fühlbar sind.
Wir werden uns dazu einige Beispiele anschauen und wieder bitte ich euch, das Folgende so offen wie möglich aufzunehmen und in euer bisheriges Denkmuster zu integrieren.

Die wichtigsten Empfindungen sind:
Schuldgefühl, Charme, Schamgefühl, Ohnmacht, Schock, Humor, Gelassenheit, Treue und andere.
Ihr werdet sagen, dass Ohnmacht kein emotionales Gefühl ist, nicht einmal eine Empfindung, und aufgrund der Kriterien, die ihr bei Emotionen und Gefühle anwendet, habt ihr nicht unrecht; jedoch in dem etwas weiteren Rahmen, in dem wir uns jetzt bewegen, wenn wir über emotionale Energien und Frequenzen reden, spielt die Ohnmacht eine gleichberechtigte Rolle.

Schuldgefühl

Beim Schuldgefühl treten zwei Schwingungen gleichzeitig oder aber hintereinander, bezogen auf dasselbe Erlebnis auf, nämlich Freude bzw. Erleichterung und Angst. Da der Emotionalkörper nicht an Zeit und Ort gebunden ist, nicht einmal von diesen Begrenzungen „weiß", kann er sich für eine Schwingung öffnen, auch wenn das dazugehörige Ereignis in der Zukunft liegt. Das heißt: der Gedanke an ein zukünftiges Ereignis führt zu dem jeweils mit dem Ereignis verbundenen emotionalen Gefühl.

Angst und Freude müssen sich also nicht auf denselben Zeitraum beziehen.

Nicht der Mentalkörper reagiert zuerst auf diese Energie, sondern der Emotionalkörper. Da er in zwei unterschiedlichen Frequenzen zu vibrieren beginnt, was für ihn keine Schwierigkeit ist, entstehen im Mentalkörper Vibrationen, die den Verstand verwirren.

Die zu diesen Frequenzen analogen freien Anteile im Mentalkörper beginnen zunächst ebenfalls zu schwingen. Dadurch aktiviert der Verstand Anteile im Mentalkörper, die alles, was im Emotionalkörper vor sich geht, einordnen und verstehen sollen. Da der Verstand die beiden Frequenzen als unmöglich kombinierbar definiert, reagiert er mit der sofortigen Unterbindung der Vibration des Mentalkörpers und des Emotionalkörpers.

Dies geschieht, indem die Schwingung der Teilchen im Mentalkörper so stark wird, dass es zu einer Überlagerung kommt. Das heißt: diejenigen Anteile des Emotionalköpers, die vorher in Angst bzw. in Freude vibrierten, übernehmen nun ebenfalls die Vibration der Teilchen die analysieren, das heißt eine dem Emotionakörper fremde Schwingung.

Da es jedoch im Emotionalkörper keine Verwirrung gibt, denn dies ist ein mentaler Vorgang, könnte man sagen, der Emotionalkörper öffnet sich „orientierungslos" allen Energien, auch denen, die nicht der jeweils aktuellen Situation entsprechen. (Für den Emotionalkörper bestehen weder Zeit- noch Ortsbegrenzungen.)

Das hat zur Folge, dass schließlich alle Anteile aufhören zu schwingen. Nach einer kurzen Zeit beginnen sie von neuem in Angst und Freude bzw. Erleichterung zu schwingen, da die Ursache für diese Schwingung noch nicht erkannt bzw. behoben wurde. Die Schwingung ist zuerst sehr heftig, dann wieder langsamer, dann endet sie wieder, beginnt von neuem usw.; kurz, die Anteile ändern ständig ihre Art der Schwingung.

Da nun der Emotionalkörper seine Schwingung verändert hat, folgert der Verstand, dass er Recht hatte (ich bin richtig) und der Emotionalkörper unrecht (du bist falsch), weil dieser die beiden Schwingungen gleichzeitig aufgenommen hatte.

Der Emotionalkörper reagiert dann auf diese Botschaft vom Mentalkörper damit, dass er die Anteile, die in Angst und in Freude vibrierten, sofort von sich abtrennt. Diese Abtrennung ist für ihn sehr schmerzlich, und dieser Schmerz ist dann das, was ihr als klassisches Schuldgefühl kennt.

Meistens endet das Schuldgefühl dann damit, dass der Verstand sich so schnell wie möglich wieder mit anderen Dingen ablenkt, um - wie er glaubt - dieser misslichen Lage, verursacht durch den Emotionalkörper, zu entkommen. Aus diesem Grund sind Schuldgefühle sehr tief verdrängt.

Bevor ich euch ein Beispiel dafür gebe, möchte ich noch darstellen, was im physischen und im ätherischen Körper geschieht.

Wenn sich der Emotionalkörper der Frequenzen der Angst und der Freude oder Erleichterung öffnet, dann reagiert der Ätherkörper mit einer starken Ausdehnung. Man könnte sagen, er streckt sich nach allen Seiten, um den beiden unterschiedlichen Frequenzen so viel Raum wie möglich in sich zu geben, da er dann in einen starken

Austausch mit dem Emotionalkörper treten und selbst viel Licht in sich hineinsaugen kann, um den Austausch zu verstärken.

Der Ätherkörper beendet erst dann die Ausdehnung, wenn der Emotionalkörper bereits in der „Verwirrung" steckt. Da sich der Ätherkörper stark ausgebreitet hat, können auch große Flächen von ihm von dieser Verwirrung berührt werden. Wenn die „Verwirrung" den Ätherkörper berührt, beginnt er, sehr stark zu pulsieren (Zusammenziehen, Ausdehnen, Zusammenziehen, Ausdehnen usw.), weil er die Information vom Mentalkörper: "hier ist etwas falsch" versucht zu integrieren, obwohl seine eigene Reaktion eine andere, nicht bewertende ist.

Erinnert euch: der ätherische Körper öffnet sich schnell anderen Frequenzen, weil das seine Natur ist.

Kommt es nun dazu, dass der Emotionalkörper seine Anteile von sich wegschiebt, obwohl eine Verbindung bestehen bleibt (so wie ihr z.B. einen stinkenden Gegenstand weit ausgestreckt an eurem Arm tragen würdet), gehen die Teile des Ätherkörpers, die mit diesen Teilen des Emotionalkörpers verbunden sind, mit ihnen „hinaus".

Dadurch reißt ein Teil der Verbindung zwischen Emotionalkörper und Ätherkörper, wodurch Energie verloren geht.

Das ist der Teil der Energie, der wegen des starken Energieaustausches zwischen beiden Körpern an der Rissstelle heraustritt, bevor der Riss erkannt und der Energiefluss eingestellt wird. So wie Blut aus einem Riss in der Haut fließt, bis die Wunde verschlossen ist.

Die ausgetretene Energie fließt dann zu denjenigen Anteilen des Mentalkörpers bzw. des Verstandes, welche die Schuldgefühle negativ bewertet haben, denn der Mentalkörper ist jetzt der einzige, der nicht in Verwirrung oder Schmerz ist, sodass er die ausgetretene Energie in sich aufnehmen kann. Durch diesen Energiezuwachs glaubt er nun, dass seine Bewertungen richtig waren und hält diese aufrecht, ja unterstützt diese zusätzlich. Dies geschieht einzig und allein deswegen, weil der Verstand - jedenfalls so, wie er zur Zeit auf der Erde existiert - nicht „begreift", dass Gefühle „nur" Energien sind.

Ich möchte euch an dieser Stelle erinnern, dass der Verstand nicht der Bösewicht ist, der das Leben auf der Erde unnötig schwierig macht, weil er rechthaberisch und machtbesessen ist. All die Bewertungen sind einst aus dem Prozess heraus entstanden, bestimmte Lernschritte zu vollziehen. Das heißt, die Seele hat bestimmte Erfahrungen gemacht, von denen sie manche wiederholen möchte und manche natürlich nicht. Durch diesen langanhaltenden Lernprozess eurer immer wieder inkarnierenden Seelen sind unglaublich viele Bewertungen entstanden, die einzig und allein dazu dienten, euch, das heißt die Persönlichkeit, zu schützen. Der Mentalkörper hat also neben anderem eine sehr große Schutzfunktion. Ihr müsst jetzt Schritt für Schritt lernen, welche seiner Bewertungen überholt und veraltet und damit der Seelenentwicklung hinderlich und welche ihrer dienlich sind. Das ist alles.

Es ist absolut falsch, den Mentalkörper oder den Verstand als Quelle eurer Probleme zu diffamieren.

Ich möchte euch nun ein Beispiel für das oben Gesagte geben:
Ihr alle kennt die Situation, in der euch jemand vorsätzlich Schuldgefühle machen will, um euch damit zu manipulieren. Nehmen wir an, ein Vater sagt zu seinem Kind: „Wenn du weiter so wild auf die Bäume kletterst, werde ich noch ganz krank."
Das Kind, zu dem dieser Satz gesagt wurde, kann deutlich die beiden Frequenzen Angst und Freude spüren. Freude nämlich, etwas Eigenständiges, Spontanes aus sich heraus zu tun, und Angst, weil jemand eine dunkle bzw. negative Prognose über die Folgen ablegt, und zwar dergestalt, dass der Agierende zum Bösewicht wird, zum Verantwortlichen für eventuelle Folgen seiner Tat, obwohl die angedrohten Folgen ganz offensichtlich nichts mit der Tat zu tun haben.

Dazu kommt, dass ein Teil des Verstandes die Worte des Manipulierenden unbedingt glauben möchte, weil damit die Möglichkeit besteht, das Vorhergesagte (Angedrohte) zu verhindern. Das heißt in unserem Beispiel: solange das Kind, das auf die Bäume klettert als Wahrheit akzeptiert, dass Vater krank wird, wenn es dies tut, glaubt es auch, den Vater vor Krankheit bewahren zu können, sobald es das unterlässt. (Das ist genau das, was der Vater das Kind glauben lassen möchte, um es davon abzuhalten.) Darüber verspürt das Kind Erleichterung.

Je bedrohlicher ein Ereignis ist, für welches das Kind die Schuld zugewiesen bekommt, desto vorbehaltloser wird es seine Schuld akzeptieren (auch wenn es sich offensichtlich um eine Manipulation handelt), um die Hoffnung zu haben die Situation jederzeit beenden zu können.

Wenn nun der Agierende mit dem oben gesagten Satz angesprochen wird, kann er auf zwei Arten darauf reagieren.

Entweder er öffnet seine Persönlichkeit für die Frequenzen der Angst und der Freude: dann kommt es zu den Schuldgefühlen genau auf dem Wege, wie ich ihn oben beschrieben habe; oder er öffnet sich nicht diesen Frequenzen, sodass er keine Schuldgefühle verspüren wird. Dies hängt meistens von dem Abhängigkeitsverhältnis der beiden Personen ab.

Nun habe ich eine interessante Neuigkeit angesprochen, nämlich: dass eine Person sich einer bestimmten Frequenz öffnen kann oder nicht. Es ist tatsächlich so, dass ihr in einem Meer von Farben, Klängen und emotionalen Energien schwimmt und ihr jederzeit die Wahl treffen könnt, euch bestimmten Energien zu öffnen oder nicht.

In der Regel könnt ihr bei Empfindungen eher eine Entscheidung treffen als bei Gefühlen. Außerdem seid ihr eher bereit, zu glauben, dass ihr die Entscheidung trefft, wenn es um Empfindungen geht. Es ist wichtig für euch, zu wissen, dass ein großer Unterschied besteht zwischen dem „Sich-nicht-Öffnen" für eine Frequenz und deren Unterdrückung (die Unterdrückung eurer Gefühle).

Die Unterdrückung findet erst dann statt, wenn ihr euch bereits dem Gefühl bzw. der Frequenz gegenüber geöffnet habt. Dies führt dann immer zu größeren oder kleineren Schäden in den Körpern. Die bewusste Entscheidung darüber, ob ihr euch einer emotionalen Energie gegenüber öffnet oder nicht, hängt von der Bewältigung eurer vergangenen Erfahrungen ab, von euren Mustern und von der Lösung dieser Muster. Also: je mehr ihr euch emotional, mental und energetisch von euren alten Erfahrungen löst, desto größer ist euer Entscheidungsfreiraum und desto klarer und lichter eure Körper. Das Unterdrücken von Emotionen hat nichts mit freier Wahl zu tun, sondern ausschließlich mit der unbewussten Bewertung der Emotionen gegenüber.

Bei der Unterdrückung von Emotionen habt ihr euch, wie gesagt, bereits der jeweiligen emotionalen Energie gegenüber geöffnet und setzt dann im Mentalkörper die Unterdrückungsmechanismen in Gang, die sehr verschieden aussehen können.

Die Öffnung für eine emotionale Energie könnt ihr euch so vorstellen, als mache die Persönlichkeit eine Tür in sich auf, um dann die Frequenz zu erkennen und mit ihr zu schwingen.

Zur Zeit gibt es nur sehr wenige Menschen, die in der Lage sind, diese Pforte den Gefühlen gegenüber bewusst geschlossen zu halten.

Verschiedene Menschen öffnen sich in derselben Situation verschiedenen emotionalen Energien. Dies wird bei Gruppenereignissen sehr deutlich, wenn eine Person beginnt zu lachen, die andere zu weinen und eine dritte fängt an, wütend herumzuschreien. Daran könnt ihr erkennen, dass das Sich-Öffnen für eine emotionale Energie von euren persönlichen Dramen, Erfahrungen und Biographien, und dem, was ihr daraus gemacht habt, abhängig ist. Dazu möchte ich euch eine Meditation vorschlagen.

Meditation zur Loslösung verkrusteter Anteile

Verbindet euch mit der Erde mittels eines blauen Energiestrahls. Wenn ihr merkt, dass dieser Energiestrahl stabil genug ist, dann beginnt mit Hilfe der Atmung durch diesen Strahl die Informationen aus der Erde hochzuziehen, die euch jetzt am meisten dienlich sind, um diejenigen Strukturen aus eurem Mentalkörper herauszulösen, die ihr am ehesten loslassen könnt und wollt.

Jeder wird die Informationen auf seine ihm eigene Art erhalten.

Möglicherweise seht ihr Sätze, möglicherweise habt ihr ein Gefühl oder Wissen, worum es geht. Vielleicht seht ihr aber auch einfach euren Mentalkörper und in ihm die Strukturen, die jetzt gelöst werden.

Wie dem auch sei, alles ist richtig und gut.

Wenn ihr die Information deutlich habt, benutzt nun wieder eure Atmung, um alle Strukturen wie durch einen Staubsauger herauszuziehen. Die Strukturen gehen durch euren blauen Kanal ganz tief in die Erdschichten und werden dort mit violettem Licht aufgelöst und transformiert.

Der Vorgang ist beendet, wenn die violette Flamme ganz weiß geworden ist.

Dann könnt ihr die Meditation beenden.

Natürlich könnt ihr sie so oft wie möglich wiederholen.

Wenn ihr ein wenig Übung damit habt, könnt ihr einen zweiten Schritt hinzufügen:

An der Stelle, an der ihr die Mentalstrukturen erkannt habt, die ihr lösen wollt, könnt ihr sehen oder spüren, wie diese ins Schwingen geraten; eventuell hört ihr dabei Töne. Erlaubt euch nun zu sehen, wie diese Schwingung auf ein etwas darunter liegendes Gebilde gleicher Art übergreift und dort ebenfalls Strukturen beginnen, sich zu lösen.

Bringt auch dies wieder durch den blauen Strahl tief in die Erde und seht die Transformation.

Damit habt ihr das Loslösen verkrusteter Strukturen aus Mental- und Emotionalkörper erlebt. Wenn ihr auch hier wieder einige Übung habt, geht noch eine Stufe weiter in den Ätherkörper und dann in den physischen Körper, indem ihr jeweils unter der zuletzt schwingenden Struktur eine weitere entdeckt, die ebenfalls in Schwingung gerät.

Mit etwas Übung wird es euch sehr leicht fallen, immer mehr zum Beobachter der Lösungsprozesse zu werden.

Seid nicht überrascht, wenn diese mit unterschiedlichen Gefühlen verbunden sind. Lasst sie leicht und wertfrei fließen.

Nun kommen wir zurück zu den Misch- und Zwischenfrequenzen der emotionalen Energien.

Wir haben herausgefunden, dass es sich bei dem Schuldgefühl um zwei gleichzeitig oder nacheinander auftretende Frequenzen handelt, für die sich die Persönlichkeit öffnet oder auch nicht, je nachdem, wie es ihr ihre Geschichte erlaubt. Und wenn ich hier Geschichte sage, dann meine ich das, was ein Mensch an Information um ein bestimmtes Gefühl herumwickelt, um dieses Gefühl entweder zu spüren oder sich ihm zu verschließen. In der Tat könnt ihr es euch so vorstellen, als sei ein Gefühl bzw. eine bestimmte Frequenz in ein Paket eingewickelt. Das Paket besteht aus den Bewertungen über dieses Gefühl. In beiden Fällen also, ob sich ein Mensch einer Frequenz gegenüber öffnet oder nicht, handelt es sich nicht um eine freie Wahl, sondern der Mensch ist Spielball seiner Geschichte geworden.

Hier noch eine kurze Anmerkung zu Schuldgefühlen:
Schuldgefühle entstehen immer dann, wenn eine Person, die Macht über eine andere hat, dieser eine Strafe androht, um sie manipulieren zu können. Dies können sogar Todesdrohungen sein, auch wenn diese absurd sind. Das Opfer dieser Manipulation kann jedoch nicht wissen, dass das Angedrohte nicht eintreten wird.
Aber nicht nur bei derart heftigen Drohungen kommt es zur Manipulation. Das vorsätzliche Erzeugen von Schuldgefühlen ist seit vielen hundert Jahren das Mittel, Kinder zu „erziehen", um sie in die Gesellschaft zu integrieren. Das Christentum hatte den großen Erfolg, weil es ausschließlich mit der bewussten Manipulation aufgrund von Schuldgefühlen arbeitete.
Kein Mensch würde sich schuldig fühlen, jemanden ermordet zu haben, wenn er nicht in irgendeiner Inkarnation dafür bestraft worden wäre und er verbal die entsprechende Botschaft erhalten hätte. (Es ist klar, dass Morde nicht aufgrund von Schuldgefühlen verhindert werden konnten

und können.) Kein Kind würde sich schuldig fühlen, laut herumzuschreien, wenn es nicht für seine „Bockigkeit" bestraft worden wäre.

Das Erzeugen von Schuldgefühlen macht es leicht, Menschen zu kontrollieren und zu manipulieren. Es verhindert das Schwingen in der emotionalen Energie, die gerade im Fluss eines Menschen liegt. Das heißt, die Gefühle müssen unterdrückt werden. Damit geht dem Menschen das wichtigste „Werkzeug" verloren, das er benötigt, um zu wissen, was er in seinem Leben tun möchte, was ihn glücklich macht und was nicht.

Wegen der Schuldgefühle ist der Mensch dann ausschließlich nach außen orientiert, das heißt, er ist immer bemüht, das zu tun, was andere von ihm verlangen, auch wenn die anderen es gar nicht aussprechen. Dadurch ist stets gewährleistet, dass die Menschen in Angst schwingen, was wiederum die Manipulierbarkeit erhöht.

Da die Schuldgefühle die Schwingungen sind, die den Menschen mit seiner Todesangst verbinden, werden sie viel tiefer verdrängt als z. B. Wut oder Trauer. Daher haben sie eine zerstörende Kraft auf die gesamte Persönlichkeit, die sich häufiger, als ihr ahnt, in körperlichen Krankheiten ausdrückt.

Das am tiefsten verdrängte Schuldgefühl entsteht, wenn eine Person glaubt, für den Tod einer anderen verantwortlich zu sein, auch wenn es nicht der Wahrheit entspricht. Die Schuldgefühlprogrammierungen liegen derart tief in eurem Zellbewusstsein und sind derart umfassend in euch angelegt, dass ihr lieber Schuldgefühle übernehmt, anstatt der Wahrheit ins Gesicht zu blicken.

Eure Religionen machen euch glauben, der einzige Weg zu Gott sei der, immer wieder diese Schuldgefühle zu reaktivieren und zu spüren.

Das einzige, wozu dieses jedoch dient, ist, euch zu manipulieren, euch von euren Träumen und Wünschen abzuhalten und euch von Gott fernzuhalten.

Euer gesamtes Nachrichtensystem ist darauf aufgebaut, in euch die Schuldgefühle und die Angst zu reaktivieren.

Es gibt niemanden, der dagegen immun ist, und es gibt niemanden, der keine Schuldgefühle hat. Wenn ihr sie nicht fühlen könnt, liegt das einzig und allein daran, dass sie zu weit verdrängt wurden. Das ist auch der Grund, warum es so schwierig ist, sie loszulassen.

Das Loslassen ist jedoch der einzige Weg, um weniger manipulierbar zu sein, und um das zu erreichen, müsst ihr die Schuldgefühle erst einmal spüren, egal wie groß die Angst ist, ihr könntet sterben oder nie wieder von diesem „schrecklichen" Gefühl loskommen.

Das Schuldgefühl ist keine natürliche emotionale Frequenz!

Es ist eine künstliche Verbindung von Freude und Angst, die bewusst zur Manipulation eingesetzt wird!

Die Strukturen in eurem Mentalkörper sind immer entstanden, weil eine Person (Mensch, nicht Gott) euch etwas eingeredet hat. Dies ist auch der Fall, wenn Schuldgefühle reaktiviert werden, ohne dass eine Person anwesend ist. Der Verstand greift dann auf die im Mentalkörper bestehenden Bewertungen zurück, meist, wie gesagt, um euch zu schützen. Dabei begreift der Verstand nicht, dass er damit genauso reagiert, wie es sich der Manipulierende wünscht.

Wenn zum Beispiel eine Frau ihren sie schlagenden Mann verlassen will, und dieser hat ihr immer wieder eingeredet, sie hätte Schuld, wenn er sich dann umbringen würde, dann denkt die Frau natürlich jedes Mal, wenn sie in der Zukunftsprojektion die Erleichterung spürt, die ihr eine Trennung bringen würde, sofort an die Drohungen ihres Mannes und fühlt sich sofort schuldig. Solange die Angst, der Mann könnte sich umbringen, größer ist als die Erleichterung über ein befreites Leben, kann die Frau ihren Mann nicht verlassen, obwohl er sich möglicherweise niemals umbringen würde. Und wenn er es täte, wäre sicherlich nicht die Frau dafür verantwortlich, sondern einzig und allein der Manipulierende selbst.

Heute begreifen mehr Menschen denn je diesen Umstand und hoffen mit Hilfe von Therapien ihre Geschichte zu erforschen, was allerdings nicht immer dazu führt, dass die Geschichten aufhören. Dazu nur eine kurze Information:
Wie ihr aus all dem schließen könnt, geht es nicht darum, aus Vergnügen die Biographie aufzudröseln, zu verstehen oder zu verändern, sondern darum, die verschiedenen Muster, sprich verkrustete und verklebte Rezeptoren, herauszulösen - alles andere, z. B. die Veränderungen in eurem Leben, geschieht dann von selbst. Häufig geschieht dies in Therapien, doch oft bleiben die Menschen in ihrer Geschichte stecken.

Nun, es wird Zeit, dass das Leben nicht länger mit euch spielt, sondern ihr mit dem Leben!
Stellt euch vor, eine emotionale Energie ist dabei, euch zu berühren, und der ätherische Körper „weiß", dass sie euch Heilung und Energiezuwachs bringt. Die Rezeptoren aller Körper beginnen zu schwingen, egal in welcher Reihenfolge.
Nun wird sofort, wenn ihr dieses Gefühl spürt - sagen wir Wut -, parallel zu den Vibrationsvorgängen, die wir bei der Wut besprochen haben, eure Geschichte reaktiviert. In diesem Falle die Geschichte eurer Wut mit allen Nuancen, Facetten, Dramen, Ursachen und Wirkungen. All diese Informationen machen es den Zellen mit den freien Rezeptoren, die in Wut schwingen, wieder schwer, und die Schwingung fällt ab. Dieser Vorgang ist etwas anders als der des Bewertungsmechanismus. Die Geschichte ist ein langer, lang anhaltender, zäher Prozess. Die Bewertung dagegen ist scharf, spitz und schnell. Das heißt, wenn eine

emotionale Energie in euch eindringt, müssen die Informationen zur Geschichte überwunden werden und dann auch noch die daraus resultierenden Bewertungen.

Also: solange ihr in eurer Geschichte seid, kann Wut schwingen, zwar gering, aber sie kann. Sobald aber das Bewertungssystem dazukommt - z.B. an dem Punkt der Geschichte, wo eine Person glaubt, in Wut einer anderen schaden zu können -, hört jegliche Schwingung sofort wieder auf.

Warum ist es so wichtig für euch, dies zu wissen?

Zum einen, weil es vielen von euch leichter fällt, sich von etwas zu trennen, wenn ihr bewusst wisst, warum ihr euch davon trennen solltet.

Zum anderen brauchen viele von euch die konkrete Vorstellung davon, wie diese Trennung vor sich geht, um sie dann als tatsächlich vollzogen zu akzeptieren. Natürlich ist Wissen nicht der einzige Weg, sich von etwas zu trennen.

Außerdem kommt euch die Information zu, weil immer mehr Menschen beginnen, die verschiedenen Körper der Persönlichkeit und ebenso die Vorgänge zu sehen, die sich in ihnen abspielen. Das Wissen soll dazu dienen, die Verwirrung und die Angst vor dem ständig stattfindenden Energieaustausch in den unterschiedlichen Vibrationsniveaus so gering wie möglich zu halten.

Charme

Charme ist eine weitere Form der Doppelfrequenz, also dem gleichzeitigen Auftreten zweier emotionaler Energien.

Eure überwiegende Meinung ist, dass Charme etwas ist, das jemand besitzt; und das stimmt insofern, als jemand diese Energien bewusst oder unbewusst einsetzt, um in anderen Menschen ein bestimmtes Gefühl hervorzurufen, nämlich das des Akzeptiertseins, ja sogar des Umworbenwerdens, eben etwas ganz Besonderes zu sein.
Beim Charme werden gleichzeitig Freude und Wut in Schwingung versetzt. Und zwar sowohl von der Person, die Charme „hat", als auch von der Person, die in Charme oder mit Charme behandelt wird.
Das heißt, der charmante Mensch verbindet meist unbewusst diese beiden Frequenzen in sich. Die Freude, weil er fähig ist, beide Frequenzen zu erleben, und weil er Erfolg in seinem Tun hat und weiß, dass er viel erreichen kann. Diese Freude schwingt tief im Herzen mit einer höheren Frequenz als der normalen „Lachfreude", jedoch weit entfernt von der Frequenz der Glückseligkeit.
Die Wut gerät gleichzeitig in Schwingung, weil die Person das, was sie tut - egal was es ist - nicht tun will. Die Person schwingt somit immer auch in der Frequenz der Wut, ohne es bewusst zu merken. Das spüren jedoch die Umschwärmten; oder besser gesagt, sie könnten es bewusst spüren, wenn sie nicht ausschließlich darauf achten würden, wie sehr ihnen geschmeichelt wird. Sie erlauben sich nicht, bewusst die Wut des Charmeurs zu spüren, weil diese Frequenz derart subtil ist (nicht einmal der charmante Mensch spürt sie), dass sie glauben, sie würden diesem netten Menschen unrecht tun, wenn sie ihm so etwas unterstellten. Die Wut wird also verdrängt, um keine Schuldgefühle zu haben, und zwar von beiden.

Ihr wisst: jedes Mal, wenn Verdrängung im Spiel ist, werdet ihr manipuliert (auch ohne böse Absicht), weil ihr nicht das tut, was ihr tun würdet, wenn ihr das Gefühl nicht verdrängt hättet.

Je mehr unbewusste Wut in der charmanten Person schwingt, desto mehr Freude muss schwingen, damit der Charme sein Ziel erreicht.
Ich möchte euch vorschlagen, in der nächsten Zeit dieses Phänomen Charme an euch und an anderen zu untersuchen.
Menschen tun oft Dinge, die sie eigentlich nicht wollen, wenn jemand mit Charme sie um etwas bittet. Charme ist ein großes „Manipulationswerkzeug".
Stellt euch als Beispiel hierzu einen Autoverkäufer vor, der mit Charme jemandem ein Auto verkauft und alle Vorteile anpreist, obwohl er selbst nicht davon überzeugt ist. Er glaubt dies allerdings tun zu müssen, weil er Angst hat, seinen Job zu verlieren, oder er handelt aus reiner Profitgier. Im ersten Fall wird er sich als Opfer fühlen und Schuldgefühle entwickeln, im zweiten Fall ist der Betreffende glücklich über seinen Erfolg.

Vielleicht habt ihr bemerkt, dass sowohl die charmante Person, als auch ihr Gegenüber Dinge tun, die sie im Grunde nicht tun wollen.
In unserem Beispiel macht der Verkäufer ein Auto besser als es ist, und der Käufer kauft ein Auto, das er nicht so recht wollte.
Auch wenn eine Person aus Habgier handelt, gibt es einen Anteil in ihr, der das nicht tun will und darüber Schuldgefühle oder Wut entwickelt.
Diese verborgenen Anteile machen das Potential aus, das in jedem Menschen verborgen ist, Das Potential, sich tief mit allen anderen Menschen, mit allen anderen lebenden Wesen zu verbinden. Ist diese Verbindung hergestellt, ist das der Zustand der Liebe. In Liebe ist keine Manipulation - egal mit welchen Hilfsmitteln - möglich, denn jeder spürt den anderen wie sich selbst.

Dies wird allerdings erst der Fall sein, wenn es keine Verdrängung und keine Unterdrückung von Emotionen mehr gibt.

Eine Person, die als charismatisch bezeichnet wird, ist meist nichts anderes als eine Person, die in Wut darüber ist, dass sie Dinge tun muss, die sie nicht tun will, obwohl es so aussieht, als würde sie es freiwillig machen.

Ein charmanter selbstständiger Friseur, der unglaublich viele Kunden hat, ist zum Beispiel in Wut darüber, dass er überhaupt arbeiten muss.

Es gibt sehr viele Beispiele. Findet sie in eurer Umgebung. Nehmt wahr, ob jemand wirklich nett ist, oder ob er charmant ist.

Charme wird immer dann hervorgerufen, wenn andere Menschen auf „nette Art" manipuliert werden sollen.

Natürlich gibt es große Unterschiede zwischen den verschiedenen Manipulationen.

Der Friseur, der charmant zu seinen Kunden ist, damit sie wiederkommen, richtet keinen großen Schaden an.

Charme wird jedoch auch für schwer wiegende Manipulationen eingesetzt, wie bei Sekten, bei allen großen Geschäften usw. immer da, wo es um Macht und Image geht.

Es werden viele Trainings angeboten, in denen gelehrt wird, Charme hervorzurufen und dem Gegenüber so schnell wie möglich seine Zweifel zu nehmen.

Da sich diese Zweifel aus der Wahrnehmung ergeben, manipuliert zu werden (was auf die emotionale Schwingung im Emotionalkörper zurückzuführen ist), versuchen diese Trainings zu lehren, wie jemand am wirksamsten mit der Aktivierung von Schuldgefühlen das Wahrnehmen aller anderen Gefühle verhindert.

Erinnert euch: Schuldgefühle sind diejenigen, die am tiefsten verdrängt werden. Das heißt, die Person ist sich der Schuldgefühle nicht bewusst.

Wäre sie das, würde sie darüber nachdenken und die Manipulation sofort aufdecken.

Seht ihr, wie wichtig es ist, die Schuldgefühle wahrzunehmen?

Es gibt nur sehr wenige wirklich charismatische Menschen, die nicht manipulieren.

Die meisten haben Charisma „gelernt", um sich die Menschen gefügig zu machen.

Echtes Charisma hat nichts mit Manipulation zu tun, sondern mit Weisheit.

Ihr habt sicherlich bemerkt, dass eine neue Komponente erwähnt wurde, nämlich die, dass jemand, der in einer oder mehreren Frequenzen schwingt und diese bewusst oder unbewusst lange hält, in den Menschen, mit denen er umgeht, die gleichen Frequenzen hervorrufen kann.

Dieses Phänomen ist es, was vielen Werbungen zu Grunde liegt. Und es gibt sehr genaue Informationen darüber, wie man in jemandem die gewünschte Schwingung hervorruft.

Euch begegnet es ebenso bei den unterschiedlichen Musikarten (Klassik kann eher Freude oder Trauer hervorrufen, wohingegen viele neue Musikarten Wut stimulieren) und natürlich arbeiten das Kino und das Fernsehen sehr genau und gezielt damit.

Wenn dies geschieht, könnte man von Manipulation sprechen und natürlich werden Menschen - im übrigen auch andere Wesen - dadurch manipuliert.

Und genau dieses Phänomen werden Heiler einsetzen, um ganz bewusst in allen Persönlichkeitsschichten Heilung zu vollbringen. Jeder Heiler wird mehr und mehr lernen, eine bestimmte emotionale Frequenz in sich zum Schwingen zu bringen. Dann wird er sie seinem Patienten übertragen und auch ihn so lange auf der Frequenz schwingen lassen, bis sein gewünschtes Ziel erreicht ist.

Natürlich bedarf es intensiver Übung, bis ein bewusstes Einsetzen dieser Frequenzen möglich ist.

Dann werdet ihr, ebenso wie ihr durch Farben und Klänge geheilt werdet - was ja zur Zeit immer besser verstanden wird -, auch durch emotionale Energien Heilung erfahren können.

Das Thema der Manipulation ist im Grunde sehr einfach zu verstehen. Jeder wird weniger manipulierbar sein, wenn er sich mit den Dingen, die ihn manipulieren können und es auch tatsächlich tun, auseinander setzt und auskennt. Das heißt, es wird für alle Menschen immer nötiger werden, sich bewusst mit diesen Dingen (wie z.B. verschiedene Heilmethoden oder das Hervorrufen verschiedener Zustände in einem Menschen, egal zu welchen Zwecken) in Verbindung zu setzen.

Also nochmals: je bewusster ihr mit den Gesetzen von Energien umgeht, desto weniger könnt ihr manipuliert werden. Je mehr ihr die Gesetze mit reinem Herzen anwendet, desto weniger werdet ihr unbewusst manipulieren. Es macht im übrigen keinen Unterschied, ob ihr bewusst oder unbewusst manipuliert.

Jeder Heilungssuchende will manipuliert werden. Er gibt sozusagen die Zustimmung für einen gewissen Zeitraum, Entscheidungen über Art und Weise der Heilung bzw. auf welchem Wege sie erreicht werden soll, nicht selbst zu treffen, sondern tritt die Entscheidung an den Heiler ab.

Dies erfordert ein bestimmtes Maß an Hingabe an den Prozess.

Diese Hingabe ist nun vielen von euch verlorengegangen, weil ihr immer wieder die Erfahrung gemacht habt, dass ihr in eine Richtung hin manipuliert worden seid, die euch nicht als die erstrebenswerte erschien.

Das Thema der Manipulation auf diesem Planeten ist so alt und weit reichend, dass es niemanden gibt, der nicht die Folgen in seinem

Körper zu spüren bekommen hat. Dadurch ist es geschehen, dass ihr die Begriffe Manipulation und Hingabe fast als Synonyme benutzt, zumindest aber als unabdingbar miteinander verbunden. Diese festen Verbindungen und, sagen wir, Fehlbesetzungen oder Fehldefinitionen von bestimmten Begriffen werden im Mentalkörper gespeichert.

Ihr könnt es euch vorstellen wie eine Anzeigetafel. Jedes Mal, wenn der eine der beiden Begriffe fällt, schwingt sofort der andere mit und zwar so schnell und so stark, dass nicht mehr auszumachen ist, welches der ursprünglich genannte Begriff war.

Das ist ein anderer Vorgang als der, welchen ihr als Assoziationsfolge bezeichnet. Bei ihm springt der z.B. bei „Unfall" angesprochene Teil des Mentalkörpers sofort auf den Teil „Auto". Genauer gesagt, sobald das Wort „Unfall" gehört wird, leuchtet im Mentalkörper die Lampe „Auto" auf und anschließend die Lampe „Blut", usw.. Spätestens bei dieser Lampe öffnet sich der Mentalkörper für die Frequenz der emotionalen Energie der Angst und es beginnen die freien, eventuell auch die verkrusteten Rezeptoren zu schwingen.

Im physischen Körper ist die Frequenz der Angst übrigens in der unteren Rückengegend also im Lendenwirbelsäulenbereich und in der unteren Brustwirbelsäule am deutlichsten zu spüren.

Kommen wir nun wieder zurück zum Thema der Fehldefinitionen oder Fehlbesetzungen. Es kann natürlich auch vorkommen, dass mehrere Worte mit völlig unterschiedlichen Bedeutungen gleichzeitig aufleuchten und daher als identisch, also auch beliebig miteinander austauschbar, eingestuft werden.

Beispiel:

Liebe - Wasser - Tod - Kerze - Frau öffnen bei einem Menschen die gleiche emotionale Frequenz nämlich die der Wut. Richtiger wäre natürlich, zu sagen der Mentalkörper öffnet sich und damit öffnen sich auch die anderen Körper dieser Frequenz und beginnen in ihr zu schwingen.

Dieser Mensch wird höchstwahrscheinlich einige Probleme haben, mit einem Heiler zusammenzuarbeiten, der ausschließlich mit seinem Herzchakra arbeitet - also vor allem mit dem Liebesaspekt. Und zwar nicht, weil Wut, die diese Liebe hervorrufen würde, nicht heilsam wäre, sondern, weil ein Patient sich dieser emotionalen Energie (Wut) als Resonanz auf Liebe nicht öffnen würde. Die eigenen Bewertungen mit Wut auf Liebe zu reagieren, würden ihn daran hindern.

Nun sind wir wieder an dem Punkt, dass bei euch allen Hingabe gleich Manipulation ist. Ihr merkt also, wie sehr eure weitere Heilung, eure weitere Entwicklung enorm behindert, ja sogar verhindert wird durch eine einfache absurde Fehlbesetzung. Ich rede deswegen von Besetzung, weil man es sich so vorstellen kann, als wären die Felder (Lampen) im Mentalkörper, die mit Hingabe belegt werden sollen, mit Manipulation besetzt, und jene, die mit Manipulation belegt sein sollten, mit Hingabe besetzt. Das ist ein etwas anderes, aber ebenso stimmiges Bild. Es geht darum, dass die beiden Begriffe nicht frei voneinander existieren können.

Eine gute Möglichkeit, diese Fehlbesetzungen in euren Mentalkörpern aufzuspüren und an deren Beseitigung zu arbeiten, gibt euch die folgende Meditation:

Meditation zum Thema Fehlbesetzungen

Stellt euch vor, ihr geht durch einen Wald und ihr wisst ganz genau, dass ihr etwas sucht - nicht so angestrengt, wie ihr als Kinder Ostereier gesucht habt, aber genauso freudig.

Dann findet ihr plötzlich zwei oder mehrere Gegenstände, die zusammen an einer Schnur hängen, von denen ihr sofort wisst, dass sie es sind, die ihr gesucht habt. Dies löst bei euch ein wonniges Gefühl aus und ihr macht euch sofort an die Arbeit.

Ihr breitet die Gegenstände vor euch auf dem Waldboden aus. Und kettet alle Gegenstände von der verbindenden Schnur ab.

Nun betrachtet ihr jeden Gegenstand noch einmal einzeln und vollkommen von den anderen isoliert. Während des Betrachtens lasst ihr alles, was mit euch und um euch herum geschieht, frei fließen und geschehen. Jedes Mal, wenn ihr einen Gegenstand lange genug betrachtet und erfahren habt, steckt ihr ihn in eine Tasche, mit dem Wissen, dass euch dieser Gegenstand nicht verloren gehen kann.

Die Schnur, die diese Gegenstände zusammen gehalten hat, verbrennt ihr in einer violetten Flamme.

Wiederholt diese Meditation so oft ihr wollt. Ihr könnt den Gegenständen auch Fragen stellen oder darauf achten, was sie euch zu „sagen" haben. Aber auch, wenn diese Gegenstände euch nichts sagen, ist es eine sehr effektive Weise, an euren Fehlbesetzungen zu arbeiten.

Nun möchte ich euch noch darauf hinweisen, dass die Hingabe in jeder Art und Weise - und damit meine ich die Hingabe an jedes erdenkliche Thema, jede Situation, jedes Gefühl und jeden Zustand, schlicht die Hingabe an sich - ein Schlüssel zu eurem Wachstum ist.

Übt Hingabe in Dingen, denen ihr euch hingeben könnt, und übertragt dann eure Erfahrung und vor allem die Gefühle, die ihr dabei empfunden habt, auf eine Situation, in der euch die Hingabe schwer fällt.

Dies ist nicht nur eine Übung in Hingabe, sondern auch eine Übung, eine emotionale Energie ganz bewusst in eine Situation zu übertragen, in der ihr euch vorher für diese Energie nicht öffnen konntet.

Hier sei kurz angemerkt, dass im NLP ein derart bewusstes Hervorrufen emotionaler Energien eingesetzt wird. Die Begrenzung im NLP geschieht jedoch dadurch, dass die übertragenen Schwingungen ausschließlich auf den Mentalkörper übertagen wird, was natürlich ein Anfang ist, aber nicht den gewünschten Heilerfolg bringt.

Erschwerend kommt hinzu, dass der NLP-Lehrer oder NLP-Therapeut nicht in sich die gewünschten Frequenzen hervorruft, um diese auf den Patienten zu übertragen, sondern die Schwingung im Klienten hervorruft, die dann der Klient von einer Situation in eine andere bringt. Dabei ist die Gefahr sehr groß, dass unterschwellig nicht erkannte Schwingungen mittransportiert werden. Um es ganz deutlich zu sagen: die Manipulationsmöglichkeit ist beim NLP sehr groß und für die meisten Menschen nicht kontrollierbar. Deswegen ist der Heilerfolg nicht dauerhaft.

Dies ist weniger der Fall, wenn ein Heiler reine Energie hervorruft, wobei der Verstand ausgeschaltet oder übergangen wird, indem die Schwingungen auf alle Körper gleichzeitig, vor allem auf den Emotionalkörper übertragen wird.

Wir haben viel über die Vorgänge im Mentalkörper gesprochen und wie ihr mit bestimmten Meditationen anfangen könnt, eure Muster zu klären.

Auch wenn ihr nicht genau wisst, um welche Muster es sich handelt. Natürlich könnt ihr die Meditation genauso bei Strukturen und Mustern anwenden, die euch bekannt sind. Es wird euch sogar momentan leichter fallen, Bekanntes loszulassen. Entscheidend ist immer, zuerst zu akzeptieren, dass ihr etwas besitzt, nämlich ein altes Muster, welches ihr loswerden wollt. Das ist leichter gesagt als getan, denn bei sehr vielen Mustern behauptet ihr, sie hätten nichts mit euch zu tun. Ihr könnt mit Sicherheit nichts loslassen, wenn ihr dieser Meinung seid. Die große Herausforderung besteht also darin, die eigenen Verleugnungen und Abwehrmechanismen abzubauen, die euch immer wieder glauben lassen, Muster seien etwas für die anderen.

Das ist dies kein Widerspruch zu dem, was ich vorher sagte, nämlich, dass es nicht immer wichtig ist, ein Muster verstandesmäßig zu erkennen. Ihr könnt euch einfach in ein Muster hineinfühlen und in all euren Zellen erkennen, dass dies Muster dort sitzt. Wenn ihr dies bejaht, was für euch der schwierigste Teil ist, steht der Ablösung der mit diesem Muster behafteten Körperstrukturen kaum noch etwas im Weg.

Ihr denkt z.B.: „Oh, jedes Mal wenn meine Mutter anruft, bekomme ich Herzstiche." Nun könntet ihr dergestalt damit arbeiten, dass ihr sagt: „Ganz offensichtlich liegt hier ein Muster vor." Anschließend ist es wichtig, dass ihr dieses Muster vollständig bejaht, um es dann aus all euren Körpern herauszulösen, auch wenn ihr nicht mehr über das Muster wisst. Solange ihr bereit seid, mit den Musterstrukturen in den tiefstmöglichen Kontakt zu treten - also mit den Teilen in der Persönlichkeit, die mit dem Muster behaftet sind -, ist das Loslösen des betreffenden Musters möglich.

Je tiefer ihr bei diesem Prozess das Spüren der damit verbundenen Emotionen zulasst, desto umfangreicher und tief greifender könnt ihr euch von dem Muster lösen.

Das ist allerdings nicht so leicht für euch. Die Bewertungen auf all eure Gefühle sind so stark, dass die wenigsten von euch sie zulassen. Jeder hat bestimmte Themen, bei denen er absolut keine emotionale Frequenz in sich schwingen lassen kann. Der erste Schritt muss also sein, zu fühlen, immer und immer wieder fühlen. Vielleicht zuerst mit Hilfe anderer z.B. Therapeuten, Freunden, Selbsthilfegruppen, etc..
Ihr könnt eure Muster nicht mental lösen.

Wenn ich davon rede, ein Muster in euren Zellen zu erkennen, dann meine ich in diesem Zusammenhang nicht nur die kleinsten vollständigen Teile eures physischen Körpers, also die, die alle Informationen enthalten, sondern auch die des Emotionalkörpers, Mentalkörpers und ätherischen Körpers.

Ich habe erwähnt, dass die Bejahung eines Musters für euch zur Zeit der schwierigste Schritt ist, sich mit der Lösung von Mustern zu beschäftigen. Das liegt daran, dass ihr glaubt, wenn ihr ein Muster habt (besitzt), würdet ihr ein sehr, sehr, sehr großes Problem besitzen. Weiter denkt ihr, wenn ihr ein sehr, sehr, sehr, sehr großes Problem besitzt, dann kann ja alles andere, was ihr in eurem Leben tut, denkt, fühlt etc. auch nicht unproblematisch sein.
Also müsstet ihr dann beginnen, in allen euren Lebensbereichen die Probleme zu suchen. Natürlich würdet ihr sie finden und dann nach eurer Logik folgerichtig denken: „mein gesamtes Leben in jeder Beziehung auf allen Ebenen war bisher grundsätzlich falsch".
Ihr seht selber, diese Kette von Gedanken ist nicht sehr geeignet dazu, ein Muster, das ihr verändern könntet, zu bejahen.

Jetzt müsst ihr begreifen, dass auch all dies, was ich euch gerade geschildert habe, ein Gedankenmuster ist, zwar ein sehr starkes, aber immerhin nur ein Muster. Also könnt ihr es genauso lösen wie alle anderen.

Es ist schwierig loszulassen, wenn man mit einem Fuß auf demjenigen Fuß steht, der den ersten Schritt gehen soll. Euch wird nichts anderes übrigbleiben, als zu springen, und währenddessen eure Füße voneinander zu lösen. Also beginnt mit der Lösung des folgenden Musters: „Wenn ich ein Muster habe, ist alles an mir falsch und unauthentisch."

Löst es jetzt!

Wenn ihr seht, bemerkt und fühlt, welche Auswirkungen dieses Muster auf euch hat, so könnt ihr auch die Veränderung spüren: Das Pulsieren des Emotionalkörpers und die Ausdehnung des Ätherkörpers. Seid so ehrlich zu euch selbst, wie ihr könnt, und so offen wie möglich, zu fühlen.

Nun lasst uns zurückkehren zu den emotionalen Energien:
Nachdem wir über das gleichzeitige Auftreten zweier unterschiedlicher emotionaler Energien bzw. Frequenzen am Beispiel Schuldgefühl und Charme gesprochen haben, möchte ich nun mit euch einige Frequenzen besprechen, die zwischen den vier großen Gefühlen Angst, Trauer, Wut und Freude liegen.

Das Schamgefühl

Dieses schwingt mit einer Frequenz, die zwischen Wut und Trauer etwas näher bei der Trauer liegt.

Lasst uns den Vorgang, der sich in der Persönlichkeit abspielt, anhand eines Beispiels betrachten.

Stellt euch vor, ihr sitzt in einem sehr vornehmen Restaurant und ihr macht euch auf dem Weg zur Toilette in die Hose: Ihr habt es nicht mehr geschafft.

Es wird wohl niemanden im Erwachsenenalter geben, der in dieser Situation keine Scham empfinden würde.

Die Öffnung für diese Frequenz könnte die Bewertung aus dem Mentalkörper sein: „Oh Gott, wie peinlich" usw. Es gibt viele Möglichkeiten, euch für die Frequenz der Scham zu öffnen.

Wenn ich von Öffnung für eine emotionale Energie spreche, so kommt dies dem sehr nahe, was mit eurer Persönlichkeit in dem Moment geschieht, in dem ihr beginnt, emotionale Energie (Gefühle) zu spüren.

Damit ihr nicht ständig in einem „Gefühlsdusel" seid, denn ihr habt bewertet, dass dies nicht eurer Vorstellung entspricht, wie man zu leben hat, habt ihr eine Unmenge an Raum zwischen euch und diesen emotionalen Energien geschaffen: eben durch diese Bewertungen. Dieser Raum besteht sozusagen aus bestimmten Anteilen des Mentalkörpers, die die unerwünschten Frequenzen auf Abstand halten. So wie euer ausgestreckter Arm eine unerwünschte Person auf Abstand hält.

Wenn nun ein bestimmtes Ereignis diese Kontrolle umgeht, so öffnet dies eine Tür, durch welche die emotionale Energie eindringen kann, oder besser ausgedrückt, durch welche sich die bestimmte Frequenz in der Persönlichkeit fortsetzen kann. Da jede Frequenz ihr ganz eigenes „Muster" hat, kann sich auch nur die Frequenz in der Persönlichkeit fortsetzen, für die sich die Persönlichkeit geöffnet hat.

Das Öffnen der Türen für eine bestimmte Frequenz geschieht, wie gesagt, durch euer Bewertungssystem. Erinnert euch, dass wir von Mischfrequenzen, also Empfindungen reden, die grundsätzlich erst durch Bewertung entstehen. Eure Gefühle, das heißt, die verschiedenen Frequenzen umgeben euch wie Klänge und Farben. Empfindungen, die durch Bewertung erst entstehen, sind in ihrer Frequenz entweder zerstückelt oder anders zusammengesetzte emotionale Frequenzen. Dennoch liegt ihre Frequenz zwischen denen der vier „großen" Gefühle.

Lasst uns nun zu unserem Beispiel zurückkehren. Mit der Bewertung durch den Verstand, der sich im Mentalkörper spiegelt bzw. seine Strukturen dort hinterlässt, wird der Emotionalkörper in heftige Schwingung versetzt. Diese Bewertungen könnten sein: „du Ferkel, muss dir das hier passieren? Mit dir kann man nirgendwo hingehen" usw.. Das heißt, der Verstand beginnt sofort mit einer Schimpftirade gegen die Persönlichkeit.

Wenn ihr genau hinhört, bemerkt ihr, dass sich all diese Bewertungen so anhören, als würde sie jemand von außen, also eine andere Person sagen. Das ist gar nicht so falsch, denn diese Sätze sind tatsächlich ursprünglich Sätze von anderen Personen gewesen, die die Persönlichkeit bzw. der Verstand als Wahrheit übernommen hat.
Dieses Übernehmen von Sätzen anderer Personen geschieht nicht einfach so, sondern immer unter Druck. Das heißt: die Person, die die Sätze übernimmt, steht in einem Abhängigkeitsverhältnis zu der Person, die diese Sätze sagt, und muss mit Strafen rechnen, wenn sie den gleichen Fehler wiederholen würde. Um nicht bestraft zu werden, also nicht mehr den Fehler zu machen, muss sich der Bestrafte immer wieder an diese Sätze erinnern und „brennt" sie daher in seinen Mentalkörper ein.

Jedes Mal, wenn der Verstand „ausgeschaltet" ist, findet dieser Vorgang statt. Das heißt: während jeder Ohnmacht übernimmt die Persönlichkeit alle Sätze, die um sie herum gesprochen werden, und integriert sie als ihre eigene Wahrheit. Ebenso in allen Drogenzuständen, Narkosen, Komata und Schockzuständen mit Todesangst. Dadurch entstehen neue Mentalstrukturen, von denen ihr bewusst nichts wisst. Wir werden darauf noch zu sprechen kommen.

Die Sätze von außen sind zu Sätzen von innen geworden. Natürlich können sie dadurch bei jeder Gelegenheit stimuliert werden und die Persönlichkeit all das fühlen lassen, was sie damals in der Ursprungssituation gefühlt hat. Der Verstand „urteilt": „Dies ist sehr unangenehm und darf auf keinen Fall gefühlt werden."

Wenn der Verstand könnte, würde er die Situation sofort verändern. Da er das aber nicht kann, werden Teile stimuliert, die sofort dem Emotionalkörper „faxen": „nicht schwingen"!
Daraufhin entfernen sich sehr sehr schnell die Anteile vom Emotionalkörper, die das Potential haben, die Situation zu fühlen und die Reaktion der anderen Gäste wahrzunehmen.

Scham ist, genauso wie das Schuldgefühl, in Verbindung mit der Reaktion der anderen Personen zu spüren.
Zu Hause alleine sich in die Hosen zu machen, wäre kein Skandal.
Also: die Anteile, die die Reaktion der anderen fühlen, hören und sehen könnten, müssen sich schnell zurückziehen oder entfernen. Es kann allerdings der Fall sein, dass niemand der im Restaurant Anwesenden diesen Vorfall bemerkt oder schlimm findet. Da aber die Bewertungen sofort stimuliert werden, kann die betroffene Person nicht mehr auf das achten, was wirklich vor sich geht. Ihre Sätze von innen (die einmal Sätze von außen waren) projiziert sie nun wieder nach außen. Eben auch dann, wenn das mit der Realität nichts zu tun hat. Die betreffende

Person hat also aufgrund ihrer Projektion die Erwartung, die anderen würden mit denselben Sätzen reagieren, wie ihr eigener Mentalkörper (ihre eigenen Sätze von innen).

Obwohl der Emotionalkörper nach der Anweisung des Mentalkörpers: „nicht fühlen" versucht, die fühlenden Anteile los zu werden, bleibt natürlich eine Verbindung bestehen. Daraus entstehen Gräben oder Lücken im Emotionalkörper.

Die Zellen des Emotionalkörpers besitzen ein Bewusstsein über den Spalt, der sich wie eine Wunde anfühlt.

Das heißt, das umliegende Zellgewebe des Emotionalkörpers weiß, dass dort etwas sein sollte.

Dieses Bewusstsein des Fehlens ist das, was ihr Scham nennt.

Der Verstand verurteilt dieses Wissen und „sagt": „Dieses Wissen ist schlecht, wir wollen das nicht spüren." Durch das Nicht-Spüren hofft der Mentalkörper der Situation zu entkommen.

Da nun auf dem Schamgefühl auch wieder die negative Beurteilung des Verstandes liegt, wird es noch verstärkt, denn der Emotionalkörper ist nicht so schnell in der Lage, das Gefühl zu verleugnen und muss sich deshalb noch mehr von den Verurteilungen des Mentalkörpers bzw. der Verstandes "anhören".

Im Mentalkörper schwingt also alles euch selbst Abwertende, das der Verstand zu bieten und über viele Leben angesammelt hat.

Das Schamgefühl zeigt dem Mentalkörper, dass sein „Plan", nämlich aus der peinlichen Situation im Restaurant zu entkommen, nicht funktioniert hat. Im Gegenteil: das Schamgefühl ist erst dadurch entstanden.

Der Emotionalkörper beginnt nun langsam, sich der Frequenz der Trauer zu öffnen. Trauer nämlich wegen der Wunde, die er hat.

Wie ihr alle schon einmal gefühlt habt, ist es sehr schwierig, in die Aktivität zu gehen, wenn ihr euch schämt. Das liegt daran, dass das

Energiefeld während des Schämens stark zusammengezogen ist, denn es möchte so wenig Berührung nach außen wie möglich.

Je stärker das Energiefeld einer Person zusammengezogen ist, desto schwieriger ist es, zu handeln. Mit Hilfe der im Mentalkörper stimulierten Anteile, die nun auf den Emotionalkörper einwirken und ihn für Wut öffnet, versucht der Verstand die Situation zu beenden.
Die Frequenz der Wut wird dann solange gefördert und die der Trauer unterdrückt, bis sich das Energiefeld wieder so weit ausgedehnt hat, dass Handeln, also das Hinausgehen aus der Situation, möglich ist. Wut, bzw. die Frequenz der Wut, wurde also benutzt, um handlungsfähig zu werden.
Das heißt, der Emotionalkörper öffnet sich wegen der Wunde selbstständig für die Frequenz der Trauer, was der Mentalkörper verurteilt und dadurch wieder einschränkt. Im Gegensatz dazu wird der Emotionalkörper durch die Bewertungen des Mentalkörpers für die Frequenz der Wut geöffnet, was zur Folge hat, dass sich das Energiefeld wieder mehr ausdehnt.
Dies ist übrigens eine sehr positive Eigenschaft des Verstandes in Situationen, in denen es nötig ist, wieder Handlungsfähigkeit zu erreichen. (z.B. wenn ihr in einer Gefahrensituation im Schock seid).

Ich möchte an dieser Stelle darauf hinweisen, dass die Schwingungen durch Rezeptoren übertragen werden, die sich an den Zellen von Mental- , Emotional-, ätherischem und physischem Körper befinden. Das mag für euch recht ungewöhnlich klingen, da ihr Rezeptoren nur für Stoffe, also Materie kennt, nicht aber für Frequenzen. Dennoch hat jede Zelle sehr viele verschiedene Rezeptoren für die „Erkennung" einer emotionalen Energie.
Sie gibt dann durch Nachahmung die Frequenz an die anderen Zellen weiter.

Obwohl der Aufbau der Körper verschieden ist und im Mentalkörper keine Gefühle sind, werden die jeweiligen Frequenzen in den verschiedenen Körpern derartig umgewandelt, dass ein Gleichschwung einer Frequenz in der gesamten Persönlichkeit möglich ist. Dies bedeutet unter anderem: Umwandlung unfreier Rezeptoren in freie, Energiezufuhr, Steigerung der Frequenz, wodurch Heilung in allen Körpern erreicht wird.

Natürlich übertragen sich diese Schwingungen auch auf den physischen Körper. Zunächst in der Phase, in der ihr noch nicht handlungsfähig seid, weil der Mentalkörper den Emotionalkörper noch nicht genügend für die Wut geöffnet hat. In dieser Phase steht ihr wahrscheinlich mit hochrotem Kopf, rasendem Herzen, mit zusammengepresstem Kiefer und ohne zu atmen fassungslos da. Ist dann die Wut lange genug stimuliert worden, so stapft ihr „wutschnaubend" mit geballten Fäusten, heftig atmend zur Toilette oder direkt nach Hause, wobei es in dieser Situation keiner wagen sollte, euch wegen irgendetwas anzusprechen.

Natürlich könnte eine andere Person in unserem Beispiel ganz anders reagieren, z.B. mit einer so großen Panik, dass sie gar keine Gefühle oder Empfindungen mehr spüren kann: mit Lähmung.
Es wäre auch denkbar, dass eine Person einfach in Ohnmacht fällt. Hierbei hätte sich dann nicht der Emotionalkörper gespalten, oder anders ausgedrückt: Risse bekommen, sondern es hätte eine Spaltung zwischen Mentalkörper und den anderen Teilen der Persönlichkeit stattgefunden.

Es gibt noch eine etwas andere Art des Schamgefühls, eine, in der sich alles genauso verhält bis auf das, was sich im Emotionalkörper abspielt. Dazu ein anderes Beispiel.

Stellt euch vor, ihr habt ein Jahr lang sehr intensiv für einen Bühnenauftritt gearbeitet und geprobt.

Der große Tag ist gekommen und obwohl ihr Lampenfieber habt, dehnt ihr euch so weit wie möglich aus, das heißt, euer ätherischer und euer Emotionalkörper dehnen sich aus. Dies ist ein ganz normaler Vorgang. Jedes Mal, wenn ihr vor einem Publikum sprecht, spielt oder auch nur schweigend steht, dehnt sich euer Energiefeld enorm aus - ihr wollt ja die anderen erreichen und mit dem, was ihr tut und sagt, berühren.

Der Mentalkörper ist durch den genau geplanten Ablauf eures Auftrittes relativ ruhig, wie bei einem Mantra.

Ihr geht nun so ausgedehnt auf die Bühne und beginnt mit eurer Darbietung. Nach wenigen Minuten ist euch klar, dass es ein totaler Reinfall, der absolute Misserfolg ist. All das, was ihr euch in euren Erwartungen erträumt habt, trifft nicht ein. Ganz im Gegenteil! Ihr seid derart unflexibel, dass ihr auf diese Situation überhaupt nicht reagieren könnt; außer, indem ihr euer Programm strikt weiter durchzieht.

Dabei beginnt der Verstand genau wie in dem vorherigen Beispiel mit dem Muster, welches euch für die Scham öffnet. Diesmal jedoch reagiert der Emotionalkörper, indem er sich schlagartig so klein wie möglich macht und nun den Teil weit von sich ausgestreckt lässt, der immer noch hofft, es würde doch ein Erfolg werden. Mit kurzer Verzögerung zieht sich auch das Energiefeld schlagartig zusammen.

Der Effekt ist genau der gleiche wie bei unserem vorherigen Beispiel: es entsteht ein Graben oder Riss im Emotionalkörper.

Die Folgen für die Persönlichkeit sind in diesem Fall etwas schärfer, denn der Verstand hat ab sofort eine noch größere Beurteilung auf die Ausdehnung des Emotionalkörpers und auf das Aufgeben seiner Kontrolle, was es der Person bei künftigen Auftritten schwerer machen wird als bei diesem ersten Mal.

In unserem Beispiel im Restaurant sind die größten Folgen die für den physischen Körper. Natürlich „verbietet" der Verstand nicht, ins Restaurant zu gehen, aber er verurteilt den physischen Körper so stark, dass es zu einer energetischen Selbstbestrafung kommt, indem der Verstand, wieder durch die Ausbreitung der Schwingungen vom Mentalkörper zum Emotionalkörper und zum ätherischen Körper, der Harnblase ganz stark Energie entzieht. Dies kann auf der physischen Ebene zu Symptomen im Unterbauch führen.

Durch den Energiemangel bzw. den Mangel an eigener Energie in einem bestimmten Teil der Persönlichkeit kommt es zu einer größeren Aufnahmebereitschaft für fremde Energien, z.B. in Form von Krankheitserregern. Obwohl die Krankheitserreger nur der sichtbare Abdruck einer Fremdenergie und nicht diese selber ist.

In beiden Fällen der Scham also kommt es zu Gräben im Emotionalkörper und zu starkem Energiemangel, entweder hauptsächlich im Emotionalkörper oder im ätherischen Körper mit den entsprechenden Folgen.
Es ist daher sehr wichtig, dass diese Lücken, Gräben oder Risse im Emotionalkörper wieder geschlossen werden.
Dazu noch eine kurze Meditation.

Meditation zum Verschließen der Gräben im Emotionalkörper

Stellt euch vor, ihr seid eine große gelbe Kugel und an drei Stellen eures Körpers, also der gelben Kugel, seht ihr lange schwarze, relativ dünne Seile von euch weit, weit weggehen.

Konzentriert euch nun auf eines dieser Seile (Arme) und zieht es mit eurer Atmung, mit eurem Zentrum zurück, zu euch heran. Ihr könnt währenddessen diesen Teil mit euch reden lassen. Stellt ihm Fragen, fühlt ihn und erlaubt ihm, euch in Schwingung und in Emotionen zu versetzen. Sagt ja zu ihm und holt ihn zu euch zurück.

Seht dann, wie der Arm immer kürzer wird, bis er völlig verschwunden ist, und der Teil, der von euch entfernt war, nun in euren gelben Körper integriert wird - so wie ein Tropfen Wasser im Meer aufgeht.

Wiederholt dies auch mit den anderen beiden Seilen. Bringt den gelben Ball dann als goldene Lichtkugel in euren Bauch und beendet die Meditation.

Ohnmacht

Wir werden uns jetzt weiter ansehen, was es mit der Ohnmacht auf sich hat.

Die Ohnmacht ist, wie ich anfangs schon erwähnt habe, eine gleichberechtigte emotionale Frequenz wie alle anderen. Allerdings kann sie sich mit fast allen anderen verbinden, mischen oder verweben! Die Ohnmacht bedeutet also keinesfalls ein Mangel an Emotionen oder emotionaler Energie, sondern nur eine Abwesenheit der mentalen Eigenschwingung. Dies werden wir uns nun genauer ansehen.

Nehmen wir an, es kommt in einer sehr bedrohlichen Situation für die Persönlichkeit zu einer Ohnmacht. Die Ohnmacht hat eine ähnliche Frequenz wie die Todesangst, nur dass die Persönlichkeit diese emotionale Energie nicht spüren kann. Die Gleichschaltung der Körper auf dieser Frequenz erfolgt hierbei in einem völlig unbewussten Zustand.

Die Ohnmacht dient also dem Zweck, den Mentalkörper auszuschalten, der sich diesem Gleichschwung aus Gründen der Kontrolle entgegenstellen würde.

Natürlich kommen Ohnmachten auch in Situationen vor, in denen sich die betreffende Person keiner Angst bewusst ist. Dennoch glaubt die Persönlichkeit immer, ihr Leben sei in Gefahr, wenn es zu einer Ohnmacht kommt. Dieser Glaube kann die unbewusste Erinnerung an eine lebensbedrohliche Situation sein, die durch irgendein Erlebnis, einen Satz oder eine bestimmte Umgebung ausgelöst worden ist. Entscheidend ist, dass der Verstand mit Hilfe der Ohnmacht umgangen wird, um diese Gleichschaltung zu gewährleisten.

Erinnert euch kurz, dass es durch den natürlichen Gebrauch der emotionalen Energie zu großartigen Manifestationen kommen kann. Und dies um so mehr, je gleicher oder genauer alle Körper mit der momentanen emotionalen Energie schwingen, egal wie lange dieser Gleichschwung dauert.

Als wir über die Scham gesprochen haben, wurde uns die Möglichkeit bewusst, dass sich eine Person der Frequenz einer emotionalen Energie öffnen kann, um etwas Anderes nicht zu spüren. Das ist jedoch so nicht ganz richtig, denn die Persönlichkeit spürt während einer Ohnmacht weiterhin Emotionen und Körpergefühle, nur dass diese nicht bewusst kategorisiert werden können und das ist ein Vorteil, denn der Verstand kann während der Ohnmacht seine Information bzw. Bewertungen nicht mehr an den „Mann" bringen. Die Verbindung zwischen dem Mentalkörper und den anderen Körpern ist unterbrochen.

Der Mentalkörper steht neben seiner Persönlichkeit und kann auf diese nicht mehr einwirken. Dies hat für die Persönlichkeit zur Folge, dass die Schwingung, die im Emotionalkörper herrscht, auf den physischen und den ätherischen Körper ausgebreitet werden kann.
Wenn dies der Fall ist, dann kommt es zu einer Harmonisierung in den Körpern und nicht zu einem Kampf und zur gegenseitigen Bestrafung, eben weil die be- und verurteilende Instanz keinen Wirkungsbereich mehr hat. Dadurch, dass der Emotionalkörper mit dem ätherischen Körper und dem physischen Körper in Analogie schwingt, können Teile und Strukturen, die veraltet und nicht länger wünschenswert sind, entfernt und neue hinzugenommen und in euer System integriert werden.
Wie dies geschieht, habe ich schon erwähnt.

Eine Ohnmacht wird immer dann von der Seele herbeigewünscht, wenn die Integration der gewünschten Energie nicht anders erfolgen kann. Dabei besteht eine Übereinstimmung von der Seele und der Persönlichkeit, also auch des Verstandes, dass eine kurzzeitige Abkopplung des Verstandes angebracht wäre. Das heißt: es stimmt der

Teil der Persönlichkeit zu, der in Kontakt zu einem höheren Bewusstsein steht und im Mentalkörper verankert ist. Es kommt also nur dann zu Ohnmachten, wenn das Bewertungssystem so stark ist, dass es eine totale Blockade in Bezug auf bestimmte Energien gibt.

Ihr habt recht, wenn ihr sagt, dass die Ohnmacht eine Folge, ein Symptom einer bestimmten Frequenz ist. Genauso sind ja auch eure Gefühlsäußerungen die Folge oder Reaktion auf bestimmte Energien, nicht aber die Energie selbst.
Könnt ihr den Unterschied sehen?

Nun können wir weiter überlegen, warum es bei manchen Menschen zu häufigen Ohnmachten, bei anderen nie dazu kommt.
Das liegt einfach daran, dass manche Menschen ein sehr viel stärkeres Bewertungssystem haben als andere und dass sich viele Menschen grundsätzlich manchen Frequenzen mehr öffnen als andere. Das wiederum hängt mit den Themen in der jeweiligen Inkarnation zusammen, aber auch mit der bewussten Bereitschaft, sich mit alten, überholten Dingen auseinander zu setzen.
Ihr alle wisst, dass es Menschen gibt, die sich viel mehr der Angst öffnen als andere, und wieder andere öffnen sich der Trauer mehr als der Wut. Ihr könnt also sehr schnell für euch selbst herausfinden, welcher emotionalen Energie, welcher Frequenz ihr euch am wenigsten öffnet und dann betrachtet einmal rückwirkend die letzten Monate, wann ihr Gelegenheit gehabt hättet, euch dieser Frequenz mehr zu öffnen.
Das wird euch helfen, zu erkennen, wann sich euch die Möglichkeit bietet, Neues zu integrieren und euch von alten Strukturen zu lösen.

Schock

Die Ohnmacht kann auch mit einem anderen Ereignis - besser gesagt - Vorgang, zusammenfallen, nämlich dem Schock, also dem Schreck mit Todeserwartung. Dies ist die momentan häufigste Ohnmacht, denn die Menschen sind sehr viel bereiter als früher, sich mit ihrer inneren Entwicklung und ihren Gefühlen auseinander zu setzen bzw. sich in ihrer Entwicklung zu unterstützen. So gibt es die Ohnmacht bei anderen emotionalen Energien wie Trauer, Wut oder Angst kaum noch.

Bei der Art von Ohnmacht, die jetzt überwiegend auftaucht, handelt es sich um Situationen, auf die die Persönlichkeit in keiner Weise vorbereitet wurde.

Erinnert euch an die Situation im Restaurant, wenn es jemand nicht mehr rechtzeitig zur Toilette schafft. In dieser Situation tritt das Ereignis der Scham langsam auf, wie ein Film, der immer weiter läuft und den ihr nicht anhalten könnt.

Bei der Ohnmacht in Verbindung mit Schock tritt das Ereignis immer schlagartig, ohne Vorahnung für die Persönlichkeit ein. Ich möchte lieber sagen, ohne bewusste Vorahnung, denn natürlich gibt es auf einer unbewussten Ebene Anzeichen für das Kommende.

Nehmen wir zum Beispiel einen Autounfall, bei dem plötzlich ein Tier auf die Fahrbahn rennt, der Autofahrer sofort umlenkt und gegen einen Baum fährt. Der Mensch gerät in dieser Situation in einen Schock. Der Schock entsteht dadurch, dass der Persönlichkeit keine Möglichkeit blieb, das Ereignis zu verarbeiten. Es ging zu schnell.

Es konnte mental nicht verarbeitet werden, weil zu wenig Zeit blieb, um alle Informationen auszuwerten und integrieren zu können. Wir können diesen Zustand mit einem ferngesteuerten Flugzeug vergleichen, das nicht mehr reagieren wird, oder nicht erkennbar zielgerichtet reagieren wird, wenn es von zwei sich widersprechenden Quellen informiert wird, wenn also zwei Menschen gleichzeitig die Steuerung des Flugzeuges übernehmen wollen.

In der Kürze der Zeit öffnet sich die Persönlichkeit vielen emotionalen Energien gegenüber und die können vom Emotionalkörper nicht verarbeitet werden, weil er die erhoffte Unterstützung des Mentalkörpers nicht bekommt.

Stellt euch vor, ihr seht auf einer Bank drei weinende Kinder sitzen, dann könnt ihr zu ihnen gehen und sie in der Weise unterstützen, wie es für sie nötig ist, sofern ihr dazu in der Lage seid. Wahrscheinlich würdet ihr Fragen stellen, damit die Antworten euch helfen, das Richtige zu tun, um die Kinder zu beruhigen. Wenn ihr selbst allerdings große Probleme mit Trauer habt, werdet ihr sie wahrscheinlich vom Thema ablenken und damit ihrer Heilung entgegentreten.

In jedem Fall werdet ihr so lange fragen, bis ihr verstanden habt, was geschehen ist.

Stellt euch nun vor, auf drei weit voneinander entfernten Bänken sitzt je ein Kind. Eines weint, eines hat Angst und eines ist in Wut. Was werdet ihr tun?

Ihr werdet, wenn ihr etwas erreichen wollt, jedem Kind die Unterstützung bringen, die es braucht, und zwar in der euch wichtigen Reihenfolge. Diese wiederum hängt von eurer Offenheit, eurem Wohlbefinden mit bestimmten Emotionen zusammen, und meistens nicht mit der Bedürftigkeit des Kindes. Wenn ihr seht, dass alle Kinder euch gleich dringend brauchen, so wisst ihr nicht, was ihr tun sollt und je stärker diese Kinder auf euch eindringen, desto weniger könnt ihr einen klaren Gedanken fassen.

In genau dieser Lage nun befindet sich der Mentalkörper, wenn es um eine Situation geht, die vorher nicht zu erwarten war. Der Emotionalkörper bleibt in diesem Zustand wie die drei Kinder auf den verschiedenen Bänken, das heißt die verschiedenen Anteile haben sich voneinander entfernt und brauchen Hilfe, um wieder zusammenzukommen.

Dieses Voneinander-Entfernen der emotionalen Anteile, die in verschiedenen Frequenzen vibrieren, kommt dadurch zustande, dass der Mentalkörper konstant das Muster aufrecht erhält, dass nur eine Emotion in der Persönlichkeit schwingen darf. Das heißt: alle Gefühle müssen nacheinander gefühlt werden.

Die drei Kinder auf den verschiedenen Bänken haben keine Probleme damit, in unterschiedlichen Emotionen zu sein. Einzig der Verstand weiß nicht, was geschieht, und möchte seine Ordnung wieder hergestellt haben.
Hätte der Mentalkörper keine Vorstellungen über die zeitliche Reihenfolge der Emotionen, würden die Kinder alle auf einer Bank sitzen, auch wenn sie unterschiedlich schwingen.
Ich hoffe, ihr habt verstanden, was ich mit dem Beispiel ausdrücken wollte. Sollte es euch schwerfallen, so könnt ihr jederzeit mit Freunden eine derartige Situation spielen, um es euch zu verdeutlichen.

Schock bedeutet also

Mental: der Verstand ist nicht mehr fähig, an seiner Struktur und Ordnung festzuhalten, und

Emotional: der Emotionalkörper trennt gleichzeitig unterschiedlich schwingende Teile - wegen der Polarisierung der Emotionen durch den Verstand - so weit von sich ab, dass wieder Gräben im Emotionalkörper entstehen, und zwar so viele, wie verschiedene Emotionen gleichzeitig auftreten.

In eurem Energiefeld würde man einen starken Abfall oder ein Zusammenschrumpfen bemerken, weil es nicht allen emotionalen Anteilen folgen kann; wieder wegen der Polarität des Verstandes. Ohne diese Polarität könnte der ätherische Körper problemlos sehr viel Energie in sich hineinziehen und in Verbindung mit allen Teilen stehen, die in unterschiedlichen Frequenzen vibrieren.

Wie ein Schock physisch aussieht, wisst ihr alle. Durch den Energieabfall kommt es nur noch zur Versorgung der wichtigsten, also der lebenswichtigen Organe, der Blutdruck ist flach, Gefäße verengt, Muskeln und Extremitäten werden nur mit dem Nötigsten versorgt. Der Körper ist entweder handlungsunfähig oder reagiert mit dem, was der Verstand in all dem Chaos nach außen gibt. Der physische Körper „stürzt" sich sozusagen auf die Informationen, die ihn erreichen und die er umsetzen kann.

Beispielsweise sieht der Mensch Blumen, und weil der Verstand nicht weiß, was zu tun ist, kommt ihm nichts Besseres in den Sinn als „pflücken"! So kann ein Mensch nach einem Autounfall durchaus im Schock Blumen pflücken gehen.

Es gibt noch eine andere Art von Schock, nämlich die, die durch sehr starke Schmerzen hervorgerufen wird. Bei diesem Schock kann, aber muss es nicht, zu polaren Schwingungen kommen. Der Schockzustand tritt ein, weil der Verstand, wenn es sich um eine schnelle schmerzhafte Veränderung handelt, diese nicht so schnell verarbeiten kann.

Das heißt zum Beispiel: bei einem schweren Autounfall sieht ein Mann, dass sein Bein abgetrennt wurde, aber diese Information kann nicht sofort in das Körperbewusstsein integriert werden.

Dies geschieht, weil der Verstand genau weiß, wohin ein Bein gehört, und natürlich mit dem Satz reagiert: „das kann nicht sein." Wenn dann die Persönlichkeit langsam den Unfallhergang noch einmal durchdenkt, bzw. ihn wieder und wieder erlebt, beginnt der Verstand zu akzeptieren, dass es Umstände gibt, unter denen ein Bein vom Körper abgetrennt werden kann. Dann wird dieses Wissen in die Persönlichkeit integriert, was bei fehlenden Körperteilen, egal ob innere Organe oder äußere Gliedmaßen sehr lange dauert. Ich möchte jetzt nicht näher darauf eingehen, was in einem solchen Fall im Emotionalkörper und im Ätherkörper einer Person geschieht.

Wenn ein Mensch aufgrund einer Krankheit mit zunehmenden Schmerzen konfrontiert ist, so setzt nach einer gewissen Zeit auch ein Schockzustand ein. Bei diesem werden körpereigene schmerzstillende Stoffe freigesetzt, die dann die Schmerzen zwar nicht ganz aufheben, aber beträchtlich verringern können. Dies geschieht z.B. auch während der Entbindung.
Während Misshandlungen oder Folter kommen übrigens meist alle Schockarten zusammen.

Wir wollen uns nun anschauen, was die Ohnmacht in der Persönlichkeit verursacht und was geschehen könnte, wenn eine Ohnmacht nicht einträfe.
Erinnert euch, wir sind immer noch bei der Erfahrung des Schocks, bei dem es zu einer Ohnmacht kommen kann, aber nicht muss.
Wir haben erfahren, was während des Schocks in der Persönlichkeit vor sich geht und was die Auslöser des Schocks sind: nämlich die Überflutung aller Körper mit gegensätzlichen Informationen, wobei immer der Verstand entscheidet, was Gegensätze sind. Einzig und allein dadurch entsteht dieser Schockzustand. Es ist also sehr wichtig, dass die Persönlichkeit lernt, dem Verstand nicht die oberste Kontrolle über alles Geschehen auf der Welt zuzugestehen. Natürlich könnt ihr den Verstand für viele nützliche Dinge gebrauchen. Nur habt ihr ihm im Laufe der Entwicklung die Vormachtstellung eingeräumt, die er nun wieder abgeben sollte.

Wenn ihr euch die Geschichte der zivilisierten Völker anseht, so könnt ihr leicht bemerken, dass sehr lange Zeit alles ausgerottet und verfolgt wurde, was dem Verstand seine Herrschaft streitig machen wollte, ja sogar das, was sein Allwissen bezweifelte und so dem globalen Verstehen etwas hinzufügen wollte.

Natürlich war das ein wichtiger Entwicklungsschritt, der nicht bereut werden muss, doch nun seid ihr aufgerufen, euch über eure eigenen Grenzen hinauszubewegen. Dazu sind die emotionalen Energien ein sehr geeignetes Mittel.

Wenn es nun während eines Schockzustandes zur Ohnmacht kommt (und ich möchte kurz erwähnen, dass ich hier nicht ein durch körperliche Schäden verursachtes Koma meine), dann kann der Emotionalkörper mit all seinen unterschiedlichen Teilen vibrieren, ohne die einzelnen Teile von sich wegzuschieben. Dadurch wiederum hat der ätherische Körper die Möglichkeit, mehr und mehr Energie aufzubauen, sodass es zum Gleichschwung kommt und zur Harmonisierung beider Körper. Es ist ebenso möglich, dass der ätherische Körper Energie zur Verfügung stellt, damit der Emotionalkörper seine Struktur verändern kann.

Nun könntet ihr annehmen, es wäre ein Vorteil, die Ohnmacht herbeizusehnen, da es dann nicht zu Gräben und Rissen im Emotionalkörper kommt.

Doch so einfach ist es nicht.

Natürlich entstehen während der Ohnmacht keine Gräben im Emotionalkörper, doch nur deshalb, weil der Mentalkörper völlig abgekoppelt wurde. Heilung und Integration finden aber nur auf allen Ebenen gleichzeitig statt, das heißt, der Verstand muss anwesend sein, auch wenn es nicht wichtig ist, dass er alles erkennt, einordnet und analysiert. Nur so können auch die Anteile im Mentalkörper, die mit dem zu lösenden Muster zusammenhängen, schwingen und damit transformiert werden - z.B., wenn die verklebten Rezeptoren frei werden und mit Hilfe der Energie des Emotionalkörpers und des ätherischen Körpers von ihren Informationen getrennt und damit transformiert werden.

Während der Ohnmacht ist das Bewusstsein völlig ausgeschaltet und es besteht nun ein Graben zwischen Mentalkörper und dem Rest der Persönlichkeit, wobei es nicht zu einer völligen Abspaltung kommt. Dieser Graben, diese Kluft kann nun genauso wie die Kluft im Emotionalkörper von anderen Energien benutzt werden. Dadurch werden neue Mentalstrukturen errichtet, die schwer zu lösen sind, weil sie nicht „bewusst "erlebt wurden.

Erinnert euch daran, dass alle Worte, die jemand während einer Ohnmacht hört, ohne den hier nützlichen Zensor (den Verstand) übernommen werden. Die Persönlichkeit weiß also in einer solchen Situation nicht, dass es nicht ihre eigenen Worte oder Gedanken sind. Sie werden sofort als wahr in die eigene Mentalstruktur „eingearbeitet".

Da das auch während schwerer Schockzustände der Fall ist, hat das bei Folter- oder Missbrauchsopfern schwer wiegende Folgen. Die Opfer erkennen nämlich alles, was ihnen gesagt wird, als Tatsache an. Zum Beispiel: sie seien nicht lebenswert, sie allein hätten die Verantwortung für das, was geschieht etc..
Ein Satz vom Täter: „Du bist schuld, dass ich das mit dir mache, weil...“. wird in einem Schockzustand sofort als „ich bin schuld ...” in die Mentalkörperstruktur eingebaut.
Wie sehr ihr wegen eurer Schuldgefühle manipulierbar seid, habt ihr schon erfahren.
Wenn ihr darüber nachdenkt, bekommt ihr eine Ahnung davon, mit welchen Programmierungen die Menschen leben.

Die Programmierungen, die aufgrund von schwatzenden Ärzten während der Operation gesetzt werden, haben ähnlich schwer wiegende Auswirkungen.

Es ist also durchaus kein wünschenswertes Ereignis, in Ohnmacht zu sein.

Früher war es für viele Menschen die einzige Möglichkeit überhaupt, in diesen Gleichschwung von Emotionalkörper und ätherischem Körper gebracht zu werden. So musste die Kluft, die im Mentalkörper entstand, in Kauf genommen werden.

Im physischen Körper ist der Unterschied nicht sehr groß, ob er sich nun im Schock oder im Schock mit Ohnmacht befindet. Die Versorgung ist auf einem sehr niedrigen Niveau, wobei alle Sinnesorgane ihre Fähigkeit vollständig beibehalten. Anstatt der physischen Augen ist das dritte Auge voll geöffnet, und zwar bei jedem. Das physische Gehirn ist in der Lage, all die auf die Person einströmenden Informationen zu verarbeiten und zu speichern.

Das ist auch der Grund, warum sich manche Menschen sehr genau daran erinnern, was während einer Ohnmacht, und sogar während der Narkosen geschieht. Die Sinne sind während dieser Zustände aktiv.

Damit könnt ihr verstehen, dass der Mensch mehr Möglichkeiten zur Orientierung hat als ausschließlich die Sinne in seinem Wachbewusstsein. Er hat jedoch bisher noch nicht gelernt, die anderen Zustände als genauso real zu erkennen.

Wenn es bei einem Schockzustand nicht zu einer Ohnmacht kommt, haben wir schon gesehen, dass die Person mit vielen schnellen Informationen unterschiedlichster Art gleichzeitig konfrontiert wird. Wie schon gesagt, kann das zur Folge haben, dass jemand sehr merkwürdige Dinge tut, weil der Körper das umsetzt, was der Verstand dem Körper am lautesten „zubrüllt".

Es kann aber auch geschehen, dass der Körper gar nichts tut und in völliger Regungslosigkeit verharrt, wobei er auch keine Aufforderungen von außen aufnimmt bzw. nicht in der Lage ist, diese umzusetzen. Bei dieser Form des Schocks ist der Verstand in einer Weise blockiert, dass er keine Information mehr aufnehmen oder weiterleiten kann. So, als würde jemand auf einer Schreibmaschine sehr viel schreiben, aber das Blatt Papier bliebe weiß, das heißt: der Verstand kann nicht einmal mehr die kleinste der eintreffenden Informationen erkennen.

In unserem Beispiel mit den Kindern auf den Bänken in ihren Emotionen wäre es so, als käme ein tauber und blinder Mensch in das Umfeld der Kinder. Dieser Mensch könnte sich friedlich auf eine andere Bank setzen und von all dem nichts mitbekommen.

Wenn der Verstand in diesem Zustand ist, dann können ebenfalls Emotionalkörper und ätherischer Körper in Gleichschwung kommen. Voraussetzung ist immer, sie haben genug Zeit, bevor der Verstand sich wieder einschaltet. Dies geschieht durch irgendeinen Reiz, eine Information, die so klar, groß und deutlich hervortritt, dass der Verstand einen Punkt hat, an dem er sich festhalten kann. Dies ist der Punkt, an dem er dann sofort seine Anordnungen oder Vorschläge an den Emotionalkörper weitergibt, immer aufgrund seiner Kategorisierung und seiner Bewertung, die natürlich durch die vorherige Verwirrung oft unsinnig erscheinen. Erinnert euch an das Blumenpflücken im Schock.

Eine dritte Möglichkeit des Mentalkörpers im Schock ist folgende:
Wieder kann er die eintreffenden Informationen nicht verarbeiten. Es kommt wieder zu einer völligen Leere - das weiße Blatt Papier in der Schreibmaschine. Nun beginnt der Verstand damit, Anteile im Mentalkörper zum Schwingen zu bringen, die mit der jetzigen Situation absolut gar nichts zu tun haben. Zum Beispiel könnte die Erinnerung an Kinderlieder oder Kinderspiele beginnen, die dann der physische Körper ausführt. Dieser Zustand wird in der Psychiatrie als Schizophrenie bezeichnet. Dabei tut der Verstand nichts anderes, als die Leere, die

Lücke zu füllen, und zwar immer mit der Polarität zu dem gerade stattfindenden Ereignis. Im Falle eines Schocks handelt es sich immer um eine bedrohliche Situation, also ist die Polarität, die der Verstand ja in sich definiert hat, eine ganz harmlose, behütete Situation, in der meist die Verantwortung jemand anderes hat. Also stimuliert der Verstand vorwiegend Anteile im Mentalkörper, die in der Kindheit liegen.

Je nachdem, wie schnell der Verstand das Ereignis, das den Schock herbeiführte, verarbeiten kann, das heißt ihn nach logischen polaren Gesichtspunkten in sein System integrieren kann, - wobei so wenig wie möglich im Unbekannten, nicht zu Verstehendem bleiben darf -, um so schneller ist der Schock und damit der schizoide Zustand beendet. Bleibt also jemand sein Leben lang im schizoiden Zustand, hat der Verstand es nicht geschafft, ein oder mehrere Schockereignisse zu verarbeiten, denn erst dann würde er damit aufhören, die polaren Anteile zu stimulieren.

Eine andere Möglichkeit allerdings bestünde darin, dem Verstand seine Polarität zu entziehen, ihn sozusagen von Polarität zu lösen, doch das ist zur Zeit nur wenigen Meistern möglich.
Da der Verstand aus polarer Struktur besteht, das heißt diese benutzt, um sich in der Welt zurechtzufinden, beginnen immer nach einer gewissen Zeit, egal zu welchem Thema, die polaren Anteile im Mentalkörper zu schwingen.
Das ist übrigens kein Fehler des Verstandes oder Mentalkörpers, sondern es ist der Ausdruck dessen, was das Thema auf diesem Planeten ist: Polarität. Das heißt: jeder, der hier auf der Erde inkarniert, ist diesem Thema, sagen wir: Spiel unterworfen und muss sich mit diesem auseinander setzen. Also: egal wie erleuchtet jemand ist, sobald er diesen Planeten „betritt", ist auch er diesem Spiel ausgesetzt und daher natürlich begrenzter als außerhalb der Polaritäten.

Es gibt Polaritäten auf der Welt, die sind allgemein anerkannt, wie z.B. hell - dunkel, groß - klein, schön - hässlich; aber es gibt auch Polaritäten, die jede Persönlichkeit für sich selbst aus ihrer eigenen Geschichte heraus aufgebaut hat.

Somit kann es geschehen, dass bei einem Ereignis, in das mehrere Menschen verwickelt sind, zunächst bei allen die gleichen Anteile des Mentalkörpers in Schwingung geraten. Nach einer gewissen Zeit allerdings beginnen die polaren Anteile zu schwingen und diese können nun wegen der unterschiedlichen Vergangenheit der Menschen sehr unterschiedliche sein.

Kommt es nach einem solchen Ereignis zu einer Umfrage, wird jeder Mensch etwas Anderes berichten, nämlich genau das, was in seiner Polarität geschwungen hat.

Ihr alle kennt diese Situationen. Es ist also das Bestreben, mehr und mehr die Polarität unseres Denkens, unseres Verstandes aufzugeben. Dies ist ein wichtiger Schritt, Heilung in allen Persönlichkeitsschichten zu erzielen.

Ich schlage euch nun eine kleine Meditation vor.

Meditation zum Polaritätsspiel

Macht es euch bequem und verbindet euch zuerst mit der Erde.

Nehmt ein rotes Energieband zwischen der Erde und eurem Wurzelchakra wahr.

Nun stellt euch vor, ihr lauft in einem Wald; ihr seid euch all eurer Sinne gewahr. Ihr riecht die feuchte Erde, ihr hört das Rauschen der Bäume und ihr spürt den leichten Wind an eurem Körper.

Dann seht ihr in einiger Entfernung eine Person stehen. Wenn ihr genauer hinseht, erkennt ihr, dass ihr es selbst seid.

Natürlich seid ihr verwundert, denn euer Verstand weiß sehr klar, dass das unmöglich ist. Entweder seid ihr hier oder dort, etwas Anderes gibt es nicht.

Während ihr darüber nachdenkt, entdeckt ihr zwischen euren beiden Ichs eine weitere Person, und wieder ist es ein Ich von euch.

Beginnt jetzt mit all euren Ichs zu spielen, schlüpft in jedes hinein, spürt, ob es Unterschiede gibt, und wenn ja, welche. Seid gleichzeitig in zwei „Ichs" von euch. Erfahrt, was diese „Ichs" euch sagen und zeigen. Achtet auf all eure Sinne und wie der Verstand damit umgeht. Stellt ihm Fragen oder redet mit ihm.

Schickt dann wieder zwei „Ichs" weg und seht euch alleine im Wald. Bemerkt, dass eure Wahrnehmung jetzt anders ist.

Wenn ihr wollt, könnt ihr euch noch mal mit eurem Verstand unterhalten, möglicherweise ihm helfen loszulassen.

Beendet dann die Meditation.

Macht diese Meditation einige Wochen lang jeden Tag und ihr werdet eine Ahnung davon bekommen, was es bedeutet, die Polarität loszulassen.

Wenn ihr nun in euren alltäglichen Leben merkt, wie sehr ihr mit Polarität beschäftigt seid, ruft euch die Meditation in Erinnerung und schaut, was geschieht.

Wie ich schon gesagt habe, könnt ihr die Polarität nicht vollkommen überwinden, solange ihr auf diesem Planeten seid. Dennoch könnt ihr lernen zu erkennen, wann ihr unter eurem polaren Denken besonders leidet. Und dieses Leiden verringert sich enorm, wenn ihr die Spielregeln beherrscht und somit nicht mehr auf die Tricks hereinfallt, die der Verstand anwendet. Nur weil dieses ein Planet in Polarität ist, heißt das noch lange nicht, dass ihr darunter leiden müsst!

Hört auf, die Realität des Leidens aufgrund der Polarität zu akzeptieren. Das ist der Weg raus aus der Polarität.

Humor

Humor hat eine ähnliche Schwingung wie die Freude. Natürlich könntet ihr annehmen, Humor sei keine emotionale Energie, sondern eine Geisteshaltung, eine Art und Weise, wie jemand mit den verschiedenen Themen und Erfahrungen in seinem Leben umgeht. Diese Umgehensweise wird jedoch durch das Wirken der emotionalen Energie erst möglich.

Humor wird oft missverstanden und mit Sarkasmus oder Komik verwechselt.

Sarkasmus ist die Frequenz des Humors, die allerdings ausschließlich im Mentalkörper schwingt. Das heißt, die Frequenz des Humors kann aufgrund verschiedener Bewertungen nicht im Emotionalkörper schwingen.

Ihr alle kennt Menschen, die sarkastisch, sind und wahrscheinlich habt ihr alle schon ihre Kühle empfunden. Diese Kühle ist die Abwesenheit von emotionaler Schwingung; genauer gesagt: die Abwesenheit der Schwingung dieser Frequenz im Emotionalkörper.

Menschen, in denen die Frequenz frei in allen Körpern schwingen kann, zeichnen sich durch Warmherzigkeit und Verständnis aus, nicht ausschließlich durch gewandte Wortspiele, mit denen sie ihre Macht demonstrieren.

Humorvolle Menschen schmunzeln und lachen als allererstes über sich selbst! Jemand, der nicht über sich selbst lachen kann, egal in welcher Situation er gerade steckt, hat keinen wahren Humor.

Auch in schwierigen Lebenssituationen kann die Persönlichkeit in dieser Frequenz schwingen. Damit wird es leichter, aus dieser Situation wieder herauszugehen, denn die Frequenz des Humors öffnet die Persönlichkeit für ihren eigenen Heilfluss, ihre eigenen Heilenergien aus dem Solar-Plexus-Chakra.

Je öfter eine Person in der Frequenz des Humors schwingt, desto schneller kann sie diese auf andere Situationen übertragen, sodass die Person mit der Zeit immer mehr in der Lage ist, diese Frequenz in allen Situationen in sich schwingen zu lassen. Dies wiederum hat zur Folge, dass emotionale Krisen nicht so lange andauern und nicht als derart zerstörerisch empfunden werden, wie es ansonsten oft der Fall ist. Ist schließlich eine Person in der Lage, häufig in der Frequenz des Humors zu schwingen, wird sie echte Gelassenheit leben, auch wenn sie in äußeren Schwierigkeiten, in dem Fall besser Herausforderungen, agiert.

Die Frequenz des Humors ist etwas höher als die der Freude und lässt sich über jede andere emotionale Frequenz „schieben". Das heißt, auch in der größten Trauer könnt ihr die Frequenz des Humors zulassen; ebenso in Wut, Verzweiflung usw.. Um sich in einer solchen Situation dem Humor gegenüber öffnen zu können, müsst ihr immer eine Perspektiverweiterung vornehmen. Ihr seht dann euer Problem nicht nur von innen nach außen, sondern auch aus der Perspektive von außen nach innen.

Vielen von euch wurde beigebracht, ihr solltet doch mit dem, was ihr habt oder seid, zufrieden sein, denn andere hätten noch viel weniger, seien ärmer, kränker, zu recht verzweifelter und so weiter.
Diese Sichtweise untergräbt und verhindert aber die eigene Wertschätzung und führt somit dazu, dass ihr euch von vielen euren Wünschen und Möglichkeiten abtrennt und diese als negativ bewertet. Natürlich hat das eine permanente Unzufriedenheit zur Folge, die sich dann in Sarkasmus äußert.
Wenn ihr in Humor schwingt, so geht dem jedes Mal eine Perspektiverweiterung voraus. Das heißt, ihr nehmt euch in eurem Leiden wahr, ohne es zu verleugnen, schönzureden oder mit dem

Leiden anderer zu vergleichen, und ihr integriert die globale, göttliche, liebevolle Sichtweise auf euch selbst und euren Schmerz.

Sarkasmus ist Ausdruck einer vergleichenden Sichtweise, bei der ihr euch selbst immer negiert. Die Frequenz schwingt nur im Mentalkörper.

Humor ist der Ausdruck einer erweiterten Sichtweise, bei der ihr euch liebevoll ernst nehmt und ab und zu über euch lachen könnt.

Meditation zur Perspektiverweiterung

Sitz oder liege bequem und spüre deine Verbindung zur Erde.

Stelle dir nun vor, du gehst in einem Wald spazieren. Es ist Herbst, die Blätter fallen schon von den Bäumen und ein leichter Nieselregen hüllt dich ein. Es ist ein dunkler, düsterer Tag und deine Gedanken hängen in deinem Geist ebenso schwer wie die Wolken am Himmel. Du denkst plötzlich an alle deine Sorgen, deinen Schmerz und dir fallen immer mehr Dinge ein, die deine Stimmung trüben. So setzt du dich schließlich auf den viel zu nassen Boden und lehnst dich an einen Baum. Den nassen Boden spürst du nicht, und du willst ihn auch gar nicht spüren, denn bei all dem Leid und Schmerz in dir macht so ein bisschen nasser Boden dein Leben auch nicht schlimmer. Dein Kopf ist schwer und du kritzelst mit einem kleinen Stock Muster auf den nassen Waldboden, deinen Körper leicht vor und zurückschwingend. Hier sitzend wird dir klar, wie einsam du dich fühlst, ganz alleine und traurig im Wald.

Plötzlich schleicht ein Gedanke in deinem Kopf umher „Wieso bin ich eigentlich alleine in den Wald gegangen?" So richtig weißt du das auch nicht, aber schnell ist klar, dass du nur deswegen alleine im Wald bist, weil niemand auf der Welt mit dir gehen wollte.

„Wieso wollte keiner mit mir gehen? Nun, wenn ich es mir recht überlege, habe ich niemanden gefragt. Warum habe ich niemanden gefragt? Ganz klar: ich wollte lieber alleine in den Wald gehen, weil mich sowieso keiner versteht und die anderen hätten nur versucht, mich zu trösten oder mir Mut zu machen und darauf... tja, darauf hatte ich keine Lust."

Nimm jetzt wahr, wie du auf dem nassen Waldboden sitzt. Atme tief ein und fühle, dass der letzte Satz dir dazu verholfen hat, zu sehen, wie du auf dem nassen Waldboden sitzt.

Spüre deine Fähigkeit, dich aus beiden Perspektiven heraus liebevoll zu umarmen. Erlaube dir nun ein leichtes Lächeln über deinen nassen Hintern. Hilf dir selbst voller Mitgefühl vom Boden auf und spüre auf dem Weg nach Hause die Leichtigkeit, ohne die anderen Gefühle zu verdrängen. Fühle und akzeptiere alles, was in dir ist.

Wiederhole diese Meditation so oft du kannst.

Gelassenheit

In Gelassenheit schwingt ihr immer, wenn ihr geduldig seid. Geduld und Gelassenheit sind eng miteinander verwandt. Ohne gelassen zu sein, könnt ihr nicht geduldig mit euch und mit anderen umgehen, und wenn ihr nicht geduldig seid, dann gibt es in euch keine echte Gelassenheit. Ihr könnt auch sagen: eine Grundgelassenheit äußert sich in Geduld. Auch dies ist keine mentale Eigenschaft, denn wie ihr alle sicher schon einmal die Erfahrung gemacht habt, kann euer Verstand euch oft ohne Erfolg zur Gelassenheit raten. Selbst wenn ihr wisst, dass Gelassenheit und Geduld zum Beispiel bei dem Erlernen einer Fähigkeit notwendig sind, heißt das noch lange nicht, dass ihr wirklich geduldig seid, dass ihr in Gelassenheit schwingt.

Sicher gibt es Themen, bei denen ihr geduldig seid und wieder andere, bei denen es euch sehr schwer fällt. Meistens seid ihr mit euch selbst viel ungeduldiger als mit anderen Menschen.

Wichtig ist, dass ihr den Zustand, in Gelassenheit zu sein, in jene Bereiche übertragt, in denen ihr noch nicht gelassen seid. Ebenso wichtig ist aber auch, dass dies nicht auf dem Wege der Verleugnung geschieht. Denn sobald ihr eure Gefühle der Ungeduld verleugnet, kann keine wahre Geduld bzw. Gelassenheit erlebt werden.

Um euch in Gelassenheit zu üben, ist es notwendig, dass die Perspektiverweiterung stattfindet, von der ich oben gesprochen habe. Trotzdem möchte ich euch eine kleine Übung vorschlagen, wie ihr Gelassenheit in einen Bereich übertragen könnt, in dem ihr nicht gelassen, nicht geduldig seid.

Meditation zur Übertragung von Gelassenheit und Geduld

Setz oder leg dich bequem hin.

Stell dir nun eine Person vor, von der du spürst, dass sie voll echter Gelassenheit und Geduld ist. Diese Person kann tatsächlich existieren, oder du erschaffst sie in diesem Moment.

Schau dieser Person jetzt zu, wie diese eine Tätigkeit ausführt, bei der du selbst dich unbehaglich und ungeduldig fühlst. Spüre in dich hinein und finde den Bereich, der am meisten Probleme in dieser Hinsicht bereitet.

Schau dieser Person eine Weile zu, und spüre wie deine Ungeduld, dein Unbehagen immer größer werden.

Nach einer Weile fällt dir auf, dass diese Person einen ganz besonderen Mantel trägt.

Je länger du den Mantel betrachtest, desto mehr fühlst du dich zu ihm hingezogen, ja du sehnst dich, ihn zu berühren. Diese Sehnsucht macht dich noch ungeduldiger, denn nun kannst du dich nicht mehr darauf konzentrieren, die Person bei ihrer Tätigkeit zu beobachten.

Die Person hat gemerkt, dass du ihren Mantel anstarrst, und voller Liebe und Güte sieht sie dich an, zieht ihren Mantel aus und reicht ihn dir.

Du zieht dir den Mantel ohne zu zögern über und sofort überkommt dich ein Gefühl tiefer Ruhe und Gelassenheit. Ohne zu zögern, beginnst du der Person bei ihrer Arbeit zu helfen, als ob du Ungeduld niemals gekannt hättest.

Du nimmst die Gelassenheit in dich hinein, absorbierst sie und atmest dabei tief ein und aus, ohne deine Arbeit zu unterbrechen. Erlaube deinen Zellen, diese Information, dieses Gefühl zu speichern.

Die Person hat natürlich nichts von ihrer Gelassenheit, Geduld und Güte verloren, nur weil sie jetzt den Mantel nicht mehr trägt. Der Mantel ist nur sichtbarer Ausdruck für dich gewesen.

Gib der Person nun ihren Mantel zurück, bedanke dich bei ihr und verabschiede dich.

Mach dir nun bewusst, dass diese Person der gelassenste und geduldigste Teil in dir selbst ist, und dass du jederzeit mit ihm in Verbindung treten kannst.

Treue

Bei der Betrachtung der Treue werden wir auf ein paar sehr interessante, verborgene Besonderheiten stoßen, die konsequenterweise dazu führen, dass Treue nicht in die Reihe der Zwischenfrequenzen gehört. Sie hat eine gesonderte Stellung und soll hier nur erwähnt werden, damit ihr euch bei anderen, ebenso „besonderen" Empfindungen darüber klar werdet, worum es sich dabei in Wirklichkeit handelt.

Jeder Mensch empfindet Treue in Bezug auf irgendeine Person oder eine Idee. Treue ist nichts anderes als der Ausdruck einer tiefen Verbundenheit, also Liebe zu eben dieser Person oder der Idee, wobei natürlich jede Person eine Idee verkörpert.
Da diese Verbundenheit eine emotionale Verbundenheit ist, schwingt natürlich der Emotionalkörper in einer ganz bestimmten Frequenz, wenn der Betreffende auch nur an die Person oder die Idee denkt. Diese Gedanken erzeugen und sind verbunden mit der emotionalen Energie der Treue. Das heißt: jede Person, die eine derart tiefe emotionale Verbindung zu jemandem oder etwas geschehen lässt, öffnet sich der Frequenz, die sich als Treue äußert.

Treue ist nicht die emotionale Energie, sondern, um es noch einmal zu sagen, das äußerlich sichtbare Zeichen für die tiefe Verbindung. Die emotionale Energie, die dem zu Grunde liegt, hat in eurer Sprache noch keinen Namen. Sie ist der Schwingung des Enthusiasmus sehr ähnlich. Dem Enthusiasmus jedoch liegt eine nicht sehr tiefe emotionale Verbindung zu Grunde. Deswegen kann wahre Treue auch erst dann zum Schwingen kommen, wenn sich der anfängliche Enthusiasmus in eine ruhige, gesetzte, wissende Verbindung umgewandelt hat.
Der Enthusiasmus erlaubt es euch, mit Hingabe an neue Themen heranzugehen. Ihr öffnet euch, um mehr über ein bestimmtes Thema zu

erfahren. Durch dieses Erfahrung-Sammeln geht ihr eine immer stärkere oder tiefere Verbindung mit allen Ideen oder Personen ein, die mit diesem Thema verbunden sind, bis ihr entweder erkennt, dass ihr genug über das Thema erfahren habt und es euch in eurer Suche nicht mehr unterstützen kann, oder ihr erkennt, dass dies genau der Weg ist, den ihr weitergehen wollt. Dann verwandelt sich der Enthusiasmus in eine Schwingung, die etwas langsamer und subtiler ist. Damit hat dann die Öffnung für die emotionale Energie der Treue stattgefunden.

Treue wird in den meisten Kulturen als eine Tugend und moralische Verpflichtung angesehen. Das Wort „Treue" ruft sofort in jedem von euch eine starke emotionale Reaktion unterschiedlichster Art hervor. Es kann heute nicht wertfrei benutzt werden, und jedes Mal, wenn jemand die „positiven" Seiten der „Treue" hervorhebt, schwingen natürlich in demjenigen auch die „negativen" Aspekte mit, die ihm Angst und Schuldgefühle machen.

Nämlich: „Wenn ich nicht treu bin und damit nicht das tue, was andere von mir als Beweis meiner Treue verlangen, dann werde ich bestraft vom Gericht oder von Gott".

Das kann so weit gehen, dass jemand alle Unannehmlichkeiten, Krankheiten etc. als Strafe von Gott begreift.

Treue beurteilen andere nach dem, was ihr tut, und nicht was ihr fühlt, und das ist der größte Irrtum der Menschen. Treue erkennt man zwar auch an den Handlungen eines Menschen, aber nicht ausschließlich. Zum Beispiel kann man einem Menschen, der in einer Freiheitsbewegung für Unabhängigkeit „kämpft", nicht vorwerfen, er sei der Sache nicht treu, nur weil er nicht bereit ist andere Menschen deswegen zu töten.

Ihr merkt wie groß die Möglichkeit ist mit dem Wort „Treue" andere Menschen zu manipulieren.

Um diesen Mechanismus in Gang zu setzen, reicht es, das Wort „Treue" auszusprechen.

Natürlich schwingt in eurer gesamten Sprache dieser polare Aspekt mit, bei einigen Begriffen ist das jedoch besonders stark der Fall. Das liegt daran, dass diese Begriffe dazu verwendet wurden, andere zu manipulieren und unter Druck zu setzen. Wir haben darüber schon gesprochen, als wir die Schuldgefühle und das Schamgefühl betrachteten. Mit der Treue verhält es sich jetzt genauso. Gerade in den großen Weltreligionen spielt das Manipulieren mit dem Begriff „Treue" eine große Rolle. Viel Blut ist auf der Erde geflossen im Namen der Treue zu irgendeinem Gott. Dass all dies mit Gott nichts zu tun hat, wisst ihr alle, und dennoch ist das Wort und der Klang des Wortes „Treue" vollkommen umwickelt von dieser Bedeutung und damit nicht mehr losgelöst davon zu benutzen. Das Wort hat also nichts mit der Schwingung in eurem Emotionalkörper zu tun, in der ihr schwingt, wenn ihr in wahrer Verbundenheit seid. Wie gesagt, gibt es für diesen Zustand zur Zeit kein Wort.

Entscheidet also, ob ihr das Wort „Treue" benutzen wollt oder nicht.

Kompensatorische Empfindungen

Zu den kompensatorischen Empfindungen gehören unter anderen Neid, Habgier und Geiz. Kompensatorische Empfindungen sind keine echten Empfindungen geschweige denn Gefühle. Sie haben daher auch nichts mit den emotionalen Energien gemeinsam.

Vielmehr sind es Zwangshandlungen mit starker emotionaler Kraft, das heißt, mit starker Schwingung im Emotionalkörper, wobei das dazugehörige Gefühl und das auslösende Ereignis vollständig verdrängt sind, weil es immer mit Todesangst einhergeht.

Neid

Ihr alle kennt das Gefühl, neidisch zu sein, aus den unterschiedlichsten Situationen.
Neid ist das Gefühl, etwas haben zu wollen, was ein anderer besitzt. Je näher euer Kontakt zu der Person ist, die etwas besitzt, das ihr haben wollt, desto stärker ist dieses Gefühl. Die Nähe des Kontaktes ist allerdings nicht mit wirklicher Verbundenheit zu verwechseln.

Seid ihr nämlich tief mit einer Person verbunden, so könntet ihr nicht neidisch auf etwas sein, das sie besäße. Würdet ihr gerne dasselbe besitzen, dann würdet ihr statt Neid Freude empfinden, weil ihr wieder einen Wunsch entdeckt habt, der euch bislang verborgen war. Ihr wisst, in jedem Wunsch ist die Energie zu Verwirklichung des Wunsches enthalten. Euer Solar-Plexus-Chakra wäre dann stärker mit Energie versorgt, denn dies ist das Zentrum, welches euch die Energie liefert, die ihr benötigt, um fokussiert auf euer Ziel (Wunsch) zuzugehen. Dies würde ich jedoch nicht als Neid, sondern als Motivation bezeichnen.

Neid liegt immer ein Wunsch zu Grunde, den ihr glaubt, wegen irgendwelcher äußeren Umstände nicht verwirklichen zu können.

Ihr glaubt weiter, die Person, die sich diesen Wunsch erfüllt hat, wurde durch das Schicksal begünstigt. Damit seid ihr zum „Opfer" widriger Umstände geworden. Jedes Mal, wenn ihr Neid empfindet, lasst ihr außer acht, dass es tief verleugnete Mentalstrukturen, bzw. Muster in euch gibt, die die Erfüllung von diesem Wunsch verhindern, und die ebenso dafür verantwortlich sind, dass ihr diesen Wunsch empfindet.

Aufgrund eurer Opferhaltung könnt ihr nicht erkennen, um welche Muster es sich dabei handelt und, wie in jeder Opferhaltung, seid ihr nicht bereit, dafür die Verantwortung zu übernehmen.

Dazu ein Beispiel:

Ein guter Bekannter erzählt euch, dass er kürzlich an einem wunderbaren Seminar teilgenommen hat, in dessen Verlauf er neue Dimensionen des spirituellen Wachstums kennengelernt hat.

Euer erster Gedanke ist: „das möchte ich auch, unbedingt!"

Euer zweiter Gedanke ist: „soviel Geld habe ich nicht."

Euer dritter Gedanke ist: „ich werde nie spirituell weiterkommen."

Davon abgesehen, dass die meisten von euch das Wort „spirituell" benutzen, ohne eine Ahnung zu haben, was das wirklich bedeutet, ist spätestens bei eurem dritten Gedanken ein „Sticker" im Mentalkörper stimuliert, der heißt: „ich bin falsch."

Dieser „Sticker" öffnet euch nun für eine Flut von Sätzen, besser gesagt Beschimpfungen gegen euch selbst. Alle Sätze, die ihr jemals gehört habt und euch glauben lassen, ihr wärt ein Versager, werden stimuliert.

Zum Beispiel: „aus dir wird nie etwas werden - du bist noch nie gut gewesen - wo soll das noch enden...." Aber auch Säte z.B. aus Vorleben, die heißen: „wir werden verhindern, dass du das schaffst - du bist für alle Zeiten verdammt.", etc..

Durch diese Sätze (einst Sätze von außen, jetzt Sätze von innen) wird euer Gefühl, falsch zu sein, hervorgerufen und enorm verstärkt. Da dieses Gefühl erst begonnen hat, als euer Bekannter oder Kollege euch von dem Seminar erzählte, glaubt ihr, wenn ihr dieses Seminar besuchen würdet, würde das Gefühl des Sich-falsch-Fühlens aufhören.

Dies ist natürlich nicht der Fall!
Selbst wenn ihr dieses Seminar nachholen würdet, würde es nur euer Grundgefühl (falsch zu sein) wieder verdrängen, es aber keinesfalls klären und damit dauerhaft lösen.
Bei der nächsten Gelegenheit würdet ihr euch diesem Gefühl sofort wieder öffnen.

Ist das Gefühl sehr stark und habt ihr keine Möglichkeit, es nicht zu spüren (indem ihr euch z. B. sofort für das nächste Seminar anmeldet), fällt euch nichts besseres ein, als nun euren Bekannten schlecht zu machen. Natürlich geschieht das ganz leise, ausschließlich in eurem Verstand, während ihr eurem Bekannten weiterhin interessiert zuhört.
Ihr erfindet dann alle möglichen Argumente, warum dieser es nötig hat, zu so einem Seminar zu gehen und ihr natürlich nicht. Natürlich beginnt ihr dann auch, das Seminar schlecht zu machen.

Ihr springt damit zwischen den beiden Polen „ich bin falsch - du bist falsch" hin und her.
Egal, auf welcher Seite ihr in dieser Polarität steht, ihr seid gefangen in der Polarität.
Jedes Mal, wenn ihr in der Polarität gefangen seid, beginnt euer Verstand alles zu tun, damit ihr auf der „richtigen" Seite der Polarität steht. Folglich muss der Verstand alle Sätze im Mentalkörper stimulieren, die den anderen „falsch" machen, damit ihr (die Persönlichkeit) eben auf der „richtigen" Seite steht.

Dabei müssen alle Sätze verdrängt werden, die ursprünglich das Gefühl, falsch zu sein, ausgelöst haben.

Erinnert euch: jedes Mal, wenn ihr etwas verdrängt, geschieht dies aufgrund der Bewertung im Mentalkörper, und somit kann der Emotionalkörper nicht in allen Frequenzen schwingen. Der Verstand verbietet also dem Emotionalkörper in der Frequenz zu schwingen, die in der Persönlichkeit den Gedanken hervorruft, falsch zu sein.

Die große Möglichkeit, wenn ihr Neid empfindet liegt darin, tiefer in eure alten Muster vorzudringen, um diese dann lösen zu können. Da das Sich-falsch-Fühlen immer mit starken Schuldgefühlen verbunden ist und Todesangst nach sich zieht, ist dies ein tief verdrängtes, sprich: sehr stark bewertetes Gefühl, sodass es wichtig ist, sich diesem Thema behutsam zu nähern.
Geht ihr zu grob mit euch selbst um, hat das nur die Folge, dass ihr all eure Gefühle noch weiter verdrängt.

Natürlich gehört auch Neid zu den Empfindungen, die ihr lieber nicht spüren wollt, aber macht euch keine Illusionen, ihr alle habt noch mit Neid umzugehen, egal, für wie weit verdrängt ihr ihn haltet.

Stimuliert die Aussage eines anderen nicht euer Programm, falsch zu sein, dann kommt es nie zu der Empfindung des Neides.

Um es ganz klar auszudrücken: Neid ist keine emotionale Energie!
Neid ist das Symptom, das sich jedes Mal äußert, wenn das Programm läuft: „ich bin falsch.", das irgendjemand dadurch stimuliert, dass derjenige etwas tut, oder kann, was ihr glaubt, auch tun oder können zu müssen.

Das hat nichts mit euren wahren Wünschen zu tun!

Ein Wunsch, der entstanden ist, um das Gefühl, falsch zu sein, zu kompensieren, ist kein wahrhafter Wunsch, und damit steckt in ihm auch nicht die Energie zur Verwirklichung.

Die Nichterfüllung eures Wunsches, lässt euch dann glauben, es seien die äußeren Umstände, die zur Nichterfüllung geführt haben, was dann euer Opfergefühl stimuliert.

Kommt es zu der Erfüllung eines Wunsches der aus Neid entstanden ist, so heißt das noch lange nicht, dass es ein Seelenwunsch war, ein Wunsch also, der in eurem Fluss lag. Viele von euch sind heute in der Lage, sich fast jeden "Wunsch" zu erfüllen, besonders, wenn es um Seminare und Reisen geht.

Dennoch wird ein erfüllter Wunsch, der auf Neid basierte, nicht das Gefühl der tiefen Leere füllen können, das Neid immer mit sich bringt. Das Gefühl der Leere ist eng mit den Programm, sich falsch zu fühlen, verbunden. Die Leere entsteht aufgrund vieler verschiedener Faktoren, auf die ich hier nicht näher eingehen möchte.

Diese Leere könnt ihr nur füllen, indem ihr euch einem tiefen Transformationsprozess unterzieht und dadurch alle Muster in euch löst, die euch daran hindern, euer wahres Potential zu erkennen und zu leben.

Wie solltet ihr dann noch Leere fühlen können, wie solltet ihr euch dann noch falsch fühlen können.

Es ist wichtig für euch, jedes Mal zu spüren, ob es sich um einen Seelenwunsch handelt oder um eine Illusion, der ihr nachjagt.

Das, was viele Menschen auf ihrem Weg unterstützt, muss nicht auf jeden zutreffen. Ihr müsst nicht alle Seminare besuchen, in die zur Zeit die breite Masse strömt. Verbindet euch mit euren Seelenwünschen, sie zeigen euch den Weg zur inneren Fülle und Zufriedenheit.

Wie anfangs schon erwähnt, tritt Neid nie auf, wenn ihr wirklich tief mit einer Person verbunden seid, wobei tiefe Verbundenheit niemals einseitig ist, denn eine solche Person könnte niemals das Gefühl in euch auslösen, ihr wäret falsch.

Habgier

Mit Habgier verhält es sich ganz ähnlich wie mit dem Neid. Auch dies ist keine emotionale Energie.
Gier kennt ihr alle, ebenso wie Neid.
Öffnet euch, das in euch zu spüren, damit ihr diese Zustände transformieren könnt.

Jedes Mal, wenn ihr gierig nach etwas seid, ist dies mit dem tiefen Gefühl verbunden, zu wenig zu haben, egal, ob dieses Empfinden auf einen sehr reichen oder armen Menschen zutrifft. Es geht hierbei, wie bei allen euren Mustern, nicht um die Realität, sondern um euer subjektives Empfinden.

Die Gründe, warum ihr glaubt, zu kurz gekommen zu sein, zu wenig zu besitzen oder zu wenig "abzubekommen", sind so unterschiedlich wie eure verschiedenen persönlichen Entwicklungsgeschichten. Es macht im übrigen keinen Unterschied, ob es sich um materielle Dinge handelt, die ihr entbehren musstet, oder um energetische oder emotionale.
Da Gier nicht etwas ist, was in eurem natürlichen Fluss liegt, ist es sehr wichtig für euch, alles in eurer Geschichte darüber Verborgene in Erfahrung zu bringen und euch diesem Empfinden so offen hinzugeben wie den emotionalen Energien. Sehr schnell werdet ihr merken, dass Gier und Neid versuchen, tiefen Schmerz zu verdecken und eine tiefe Leere in euch zu füllen.
Um euch von dem Schmerz befreien zu können und die Leere zu füllen, werdet ihr euch diesem Schmerz hingeben.

Wurde dem Emotionalkörper erlaubt, das Verdrängte endlich zu fühlen, dann ist Gier nicht mehr nötig, da sich der Aspekt der Leere, der damit zusammenhing, füllen konnte.

Gier ist ein Kompensationsmechanismus, der meist mit Hass einhergeht. Hass auf diejenige Person oder diejenigen Personen, die in den Situationen, in denen das Muster gesetzt wurde (meist in Vorleben), verhinderten, dass die Bedürfnisse - im Falle von Gier: überlebenswichtige Bedürfnisse - befriedigt wurden.

Gier geht demnach immer mit der Stimulierung von Todesangst einher, egal, wie lächerlich sich das für einen reichen Menschen auch anhören mag. Diese permanente Todesangst führt dazu, dass der betreffende Mensch immer mehr haben (besitzen) muss, um seinem Tod zu entgehen. Natürlich ist die Todesangst vollständig verdrängt und der ganze Mechanismus läuft unbewusst ab.
Egal, wieviel ein gieriger Mensch auch besitzt, der Glaube, zu wenig zu haben, wird nie aufhören, solange die Muster des bzw. der vergangenen Traumata nicht gelöst wurden.

Es geht also hier auch nicht wirklich um den Wunsch, etwas oder viel zu besitzen, sondern immer um die Kompensation der Todesangst und dem Versuch die Leere zu füllen.

Stellt euch euren tief verdrängten Traumata, damit ihr geklärt und wachsend in höheren Frequenzen schwingen könnt.

Geiz

Geiz kompensiert ebenso wie Gier und Neid eine Todesangst. Oft geht das mit dem Glauben, falsch zu sein, einher; falsch, jedes Mal, wenn der Betreffende Geld für sich und andere unnütze Dinge ausgibt. Da der geizige Mensch fast alles als unwichtig bewertet, was nicht gerade zum Überleben gehört, ist es ihm kaum möglich, sich etwas zu leisten, ohne sich falsch zu fühlen oder Schuldgefühle zu haben. Der geizige Mensch versucht sich daher ständig vor sich selbst zu rechtfertigen.

Auch der gierige Mensch hat Schuldgefühle, vor allem, wenn andere seine Gier bemerken; ansonsten kann er sie mühelos verdrängen und sich selbst vortäuschen, es ginge ihm gut.

Wie ihr nun bereits wisst, rechtfertigt sich der geizige Mensch natürlich nicht vor sich selbst, sondern er rechtfertigt sich vor den eigenen Sätzen im Mentalkörper, die einst Sätze von außen waren (s.o.)

Um aus diesem Kompensationsmechanismus herauszutreten, ist es - wie bei den anderen auch - wichtig, die darunter verdrängten Emotionen zu fühlen und die Bewertungen im Mentalkörper zu erkennen.

Ich möchte jetzt nicht näher auf das Thema der kompensatorischen Empfindungen eingehen, da das nicht direkt Thema dieses Buches ist.

Aufbau der Persönlichkeit

Der Mentalkörper

Ich möchte jetzt auf die verschiedenen Strukturen eurer Körper (Mentalkörper, Emotionalkörper, ätherischer Körper) eingehen. Ich verzichte darauf, die Struktur des physischen Körpers darzustellen, soweit sie in anderen Büchern nachzulesen ist. Ebenso werde ich nicht allzu genau auf das Chakrasystem eingehen, sondern nur insoweit, als es dem Verständnis in Verbindung mit den emotionalen Energien dienlich ist.

Schauen wir uns zunächst den Mentalkörper an:
Genauso wie alle Körper ist er aus einer ungeheuren Vielzahl kleiner Elemente aufgebaut, die wir ruhig Zellen nennen können. Wie ich schon angedeutet habe, gibt es verschiedene Arten von Zellen. Kennengelernt haben wir bis jetzt die freien Zellen, die verklebten und die verkrusteten. Nun werde ich auf alle noch einmal eingehen.

Freie Zellen

Das sind Zellen, die nicht durch irgendwelche mentalen Muster verklebt oder besetzt sind. Sie tragen damit die Möglichkeit in sich, in einer sehr hohen Frequenz zu vibrieren. Lasst uns annehmen, sie sähen aus wie sehr kleine Teilchen reinen Bergkristalls.
Diese freien Zellen besitzen keine unterschiedlichen Formen bzw. Rezeptoren mehr. Rezeptoren für unterschiedliche Schwingungen und Frequenzen sind erst durch eure vergangenen, oft traumatischen Erfahrungen und die daraus entstandenen Bewertungen entstanden. Gibt es keine Bewertungen mehr, sind die Zellen vollkommen frei und schwingen damit in der höchsten göttlichen Frequenz. Das heißt: je mehr Zellen vollkommen frei sind, desto größer bzw. stärker und

intensiver wird der Teil in euch, der sich wirklich eins fühlt mit Gott. Euer innerer göttlicher Kern, eure letztendliche göttliche Realität wird immer stärker spürbar und lebbar.

Die vollkommen freien Zellen können nicht anders als in göttlicher Wahrheit zu schwingen.

Sobald Zellen unterschiedliche Formen besitzen, die zu unterschiedlichen Schwingungsmustern gehören, sind es keine vollkommen freien Zellen mehr, sondern verklebte oder verkrustete.

Es ist euer Ziel, besser gesagt: eure weitere Entwicklung, so viele Zellen wie möglich frei schwingen zu lassen und damit den Aufbau des Mentalkörpers so zu verändern, dass jede Zelle frei schwingen kann und es keine Differenzierung mehr für unterschiedliche Frequenzen gibt. Diese Umwandlung des Mentalkörpers geschieht so lange bis er so aussieht, als bestünde er aus einer unendlichen Anzahl kleiner Bergkristalle.

Begrenzt freie Zellen

Diese Zellen sind zwar nicht verklebt oder verkrustet, aber sie sind dennoch nicht vollkommen frei, denn sie haben bestimmte Rezeptoren, die nur zu ganz bestimmten Frequenzen passen. Das heißt: es gibt Zellen, die in Analogie zur Wut schwingen können, andere in Analogie zur Trauer und so weiter. Diese Rezeptoren haben sich in den Zellen aufgrund eurer vergangenen Erfahrungen und den daraus entstandenen Bewertungen gebildet.
Dieser weit zurückliegende Prozess in der Menschheit war die allererste Differenzierung der Emotionen, die mit der Erfahrung einherging, sich nicht mehr eins mit Gott zu fühlen. Dies bezeichnen einige von euch als „Der Fall aus dem Paradies", obwohl so etwas - außer in eurem

Bewusstsein - niemals stattgefunden hat. Ihr seid noch heute im Paradies, „nur" der Glaube, ihr hättet euch davon entfernt, hat seit langer Zeit viel Leid und Elend erschaffen.

Wie und wodurch all das entstanden ist, ist für euch heute nicht wichtig. Wichtig ist nur, was ihr jetzt tun könnt:

Gebt euch dem emotionalen Fluss hin und lauscht der Sprache der Seele.

Verklebte Zellen

Die verklebten Zellen zeichnen sich dadurch aus, dass sie mit Bewertungen und Urteilen verschiedenster Art behaftet sind. Ihr könnt euch vorstellen, auf diesen Zellen würden Klebezettel mit den jeweiligen Kommentaren haften, z.B. „Männer weinen nicht", „Frauen müssen unterwürfig sein", „Frauen sind hysterisch", „Männer sind cholerisch" usw. usf..

Ihr könnt euch also vorstellen, wie immens groß die Anzahl eurer behafteten Zellen ist. Durch ihre Behaftungen kommt es nun nicht zu einer freien Schwingung, denn der jeweilige Kommentar ist ja mit dem Verbot gekoppelt, selbiges zu tun.

Wenn nun jemand in der Kindheit einen cholerischen Vater hatte, der viel brüllte und schlug, wird die Person eine derart große Bewertung auf Wut haben, dass sie die geringste Wutäußerung als cholerisch bezeichnen wird. Weil sie natürlich auf keinen Fall so sein möchte wie der Vater, darf sie nicht in der Frequenz der Wut schwingen, obwohl Wut nichts mit „cholerisch sein" zu tun hat. Also werden alle Zellen, die das Potential haben, in Analogie zur Wut zu schwingen, mit einem Klebezettel behaftet, der eben dies verhindert.

Auf der anderen Seite kommt es natürlich zu einem Schwingen dieser verklebten Anteile, wenn dieses Schwingen vom Verstand als richtig, bzw. angemessen eingestuft wird und er damit den verklebten Zellen die Erlaubnis gibt, zu schwingen.

Wenn nun ein Mann aus Gründen eines inneren Musters cholerisch ist (sehr schnell mit übertriebener Wut auf Nichtigkeiten reagiert), dann werden alle Zellen, die das Muster ausmachen (also mit Bewertungen behaftet sind), sehr schnell in Wut schwingen.

Da es aber keine begrenzt freien Zellen sind, die in Wut schwingen, sondern eben behaftete, beginnen dann, mit einer Zeitverzögerung, die polaren Anteile, also die Zellen, die mit der gegenteiligen Information behaftet sind, ebenfalls zu schwingen. In unserem Beispiel also eventuell „cholerisch sein ist furchtbar" usw..

Jeder Mensch hat aufgrund seiner Muster andere Polaritäten entwickelt, und somit können auch sehr unterschiedliche Informationen oder Kommentare (Bewertungen) als Polarität zur ersten Bewertung hinzukommen.

Es sitzt zum Beispiel eine Person am Strand und denkt: „oh, das Wasser ist bestimmt kalt." Dieser Gedanke ruft in der Person eine bestimmte Schwingung hervor, die aus einer Erinnerung kommt. Langsam beginnen nun die polaren Anteile zu schwingen, die ebenfalls aus der Erfahrung kommen: „Ich werde mich erkälten und dann an einer Lungenentzündung sterben."

Bei einer anderen Person, die auch zuerst den Satz denkt: „das Wasser ist kalt", könnte dies eine ganz andere Reaktion hervorrufen, z. B.: „endlich kann ich mich abkühlen".

Jeder Gedanke ruft eine Vielzahl von weiteren Gedanken und Reaktionen hervor, welche wiederum andere Gedanken nach sich ziehen. Und jedem Gedanken folgen natürlich die entsprechenden emotionalen Schwingungen. Da die Vergangenheit der Menschen unterschiedlich ist, gibt es unendlich viele verschiedene

Reaktionsmöglichkeiten auf einen einfachen Gedanken wie: „das Wasser ist kalt."

Da der Planet Erde in Polarität ist, ist dies eine ganz natürliche Sache. Dennoch inkarniert ihr hier, um eben das Thema Polarität zu begreifen und zu transformieren. Niemand auf der Erde kann mit der Polarität einfach aufhören. Das ist genauso unmöglich, wie in einem Schwimmbecken das Wasser zu verleugnen und auf dem Grund spazieren gehen zu wollen.

Aber genauso, wie ihr schwimmen lernen könnt, also Wasser nicht mehr als etwas euch Behinderndes anzusehen, könnt ihr lernen, mit der Polarität zu spielen. Das Aussteigen aus der Polarität bedeutet, Göttliches Bewusstsein entwickelt zu haben.

Verkrustete Zellen

Bei den verkrusteten Zellen handelt es sich um vor langer, langer Zeit verklebte Zellen, die aber ihren Sticker noch nicht in einem Heilungsprozess von sich lösen konnten, sondern die ganze Zelle wurde als veraltet angesehen und damit kaum noch mit Energie versorgt. Durch diese Mangelversorgung an Energie verliert diese Zelle natürlich weitgehend ihre Fähigkeit zu vibrieren, was die Möglichkeit, den Sticker von sich zu lösen, wiederum einschränkt.

Wenn ich in diesem Zusammenhang von Energie spreche, so hat das einen berechtigten Grund. Denn so wie alle Körper Energie brauchen, braucht eben auch der Mentalkörper Energie. Die bekommt er auf unterschiedliche Arten. Eine Art ist die Energie einer jeden Gedankenform. Jedes Mal, wenn ihr einen bestimmten Gedanken denkt, gebt ihr diesem Gedanken ein gewisses Energiepotential.

Genauso wie Blut, mit Sauerstoff angereichert, die Zellen eures physischen Körpers versorgt, so versorgt der Gedanke mit seiner Energie die entsprechenden Zellen im Mentalkörper. Das heißt also: je öfter jemand den Gedanken „ich bin dumm" denkt, um so mehr Energie bekommen die mit dieser Information behafteten Zellen. Dadurch wachsen die Sticker jedes Mal ein bisschen mehr und sind folglich auch schwerer zu entfernen.

Die verkrusteten Zellen werden also nicht mehr mit Energie versorgt: aber auch dadurch wird der Sticker nicht gelöst, denn er kann nur durch freies Schwingen sozusagen abgeschüttelt werden. So eine verkrustete Zelle könnte z.B. den Sticker haben, „wenn ich wütend bin, rollen Köpfe" oder „immer, wenn Mama geht, habe ich Angst".
Vom Verstand werden diese Informationen als nicht mehr zutreffend eingeordnet und daher nicht mehr gefüttert. Nun können diese verkrusteten Zellen stark zu vibrieren beginnen, wenn sie sehr plötzlich stimuliert werden, z.B. in dem Zustand, den ihr Regression nennt. Sie werden dann schlagartig mit Energie überschüttet. Bei einer bewussten Regression können sie dann zerbrechen und durch neue ersetzt werden. Bei einer unbewussten Regression, das heißt wenn der Mensch nicht weiß, dass in dem Moment Teile schwingen, die schon lange als "Fehldefinition" eingeordnet wurden, sind die Verurteilungen über das Schwingen dieser Teile oft so stark, dass das Schwingen aufhört, bevor diese Zelle zerbrechen konnte. Ein verurteilender Satz, der die Schwingung verhindert, könnte z. B. sein, „hör auf damit, du benimmst dich ja wie ein kleines Kind!"

Die verkrusteten Zellen können noch durch eine weitere Art gelöst werden: nämlich durch eine langsame Steigerung der Energie in den verkrusteten Zellen, solange, bis die Energie stark genug ist, den Aufkleber ohne „Scherben" zu lösen. Dies geschieht z.B. während Meditationen, in denen ihr Musterklärungen macht. Eine andere Möglichkeit ist, mit einem Heiler zu arbeiten, der diese Transformationsprozesse kennt und weiß, wo er wieviel Energie hinlenken muss, damit es zum Loslösen dieser Sticker kommt.

130

Es gibt außer diesen Zellen auch noch andere Anteile im Mentalkörper, nämlich Energiebahnen, welche die einzelnen Zellen miteinander verbinden. So entsteht ein sehr engmaschiges Netz, welches die verschiedensten Kombinationen von Kommentaren zulässt, die stimuliert werden; das ist die so genannte Assoziationskette, wobei einem Kommentar nicht nur ein weiterer folgt, sondern möglicherweise mehrere. Der Verstand kann zur Zeit allerdings nur eine Kette begleiten bzw. bewusst verfolgen und nicht mehrere. Ich werde später noch darauf zu sprechen kommen, was der Verstand eigentlich ist.

Ebenso werden mittels der Energiebahnen auch die jeweiligen polaren Zellen stimuliert, und zwar durch eine sehr viel stärkere Verbindung als es die zu assoziativen Kommentaren oder Beurteilungen darstellt.

Im Mentalkörper befinden sich auch noch eine Reihe von Anteilen, die zur Zeit überhaupt nicht schwingen und auch noch nie geschwungen haben. Wir können sie die potentialtragenden Zellen nennen. Sie können jederzeit mit neuen Stickern besetzt werden, und das geschieht auch sehr häufig. Das heißt, in eurem Mentalkörper befinden sich nicht nur Anteile und Zellen, die schon wegen verschiedener Muster mit Stickern behaftet sind, sondern ihr seid auch immer dabei, neue Muster zu erschaffen, ob euch dies nun bewusst ist oder nicht.

Dann gibt es noch andere, ebenfalls nicht schwingende Zellen, die ebenfalls als Potential dienen, allerdings nicht für neu gebildete Muster, sondern für höhere Frequenzen. Das heißt: in jedem von euch schlummern schon Zellen, die in der Lage sind, höhere Frequenzen zu verkraften, bzw. mit ihnen zu schwingen. Sie warten nur darauf, weil mit ihrer Unterstützung der Transformationsprozess verklebter und verkrusteter Zellen schneller vorangeht und die nötige Energiemenge und Frequenz im Mentalkörper gehalten werden können.

Ihr seid euch der meisten Kommentare, Bewertungen und Verurteilungen nicht bewusst und der Verstand kann die Vielzahl parallel stimulierter Zellen nicht verarbeiten und trennen. Daher ist es sehr nützlich, an eurer Umwelt und euren Mitmenschen zu lernen, was ihr in euch tragt. Denn alles, was euch begegnet, ist Ausdruck von euch selbst. Dadurch wird Unbewusstes zu Bewusstem. Das ist der Prozess, den ihr Wachstum nennt.

Meditation zum Spüren der Befehle des Mentalkörpers:

Stell dir vor, du bist in einem großen Ballsaal, der vollkommen überfüllt ist. Die Musik spielt und aus jeder Richtung vernimmst du unterschiedliche Anweisungen, wie du dich zu dieser Musik zu bewegen hast. Und jedes Mal, wenn du beginnst, kommt ein lauterer, anders gearteter Befehl an deine Ohren. Du bemerkst, dass nur sehr wenige Tänzer in der Lage sind, sich überhaupt zu bewegen.
Im Laufe der Zeit werden die Kommentare immer weniger und leiser. Und langsam beginnst du zu tanzen, ebenso wie die anderen. Und da bald niemand mehr Anweisungen erteilt, können sich die Tänzer immer freier und müheloser bewegen.
Sieh und spüre, wie die Bewegungen immer freier werden, wie jede Person sich im Tanz entspannt. Sieh die Vielfalt aller Bewegungen. Alles bewegt sich, alles ist in unterschiedlicher Art Schöpfer dieser Gemeinschaft.
Spüre, wie du mehr und mehr zu dieser Gemeinschaft gehörst, wie ihr alle zusammengehört, jeder in seiner Freiheit, in seiner Bewegung.

Wenn ihr euch nun anseht, wieviel bewusste Glaubensstrukturen in euch existieren, und wie schwer es ist, diese zu kontrollieren und zu lösen, und wenn ihr euch weiter klarmacht, dass der bewusste Teil viel weniger eurer Muster ausmacht als der unbewusste und eure Reaktionen hauptsächlich aus den unbewussten Mustern resultieren, dann bekommt ihr eine Ahnung davon, wieviel an Arbeit und Entwicklung nötig ist, um frei schwingen zu können.

Es ist also euer Ziel, euch immer mehr von euch bewusst zu machen, und all dasjenige, was euch behindert, zurückzulassen. Dieser innere Wachstumsprozess hat in den letzten Jahren sehr stark zugenommen und wird noch weiter zunehmen. Es wird dann dem Menschen nicht mehr als ein nötiges Übel vorkommen, sich mittels verschiedener Methoden über sich selbst bewusst zu werden, sondern er wird es mehr und mehr als seine vorrangige Aufgabe mit Freuden betrachten.

Bei diesem Prozess können euch Kristalle sehr unterstützen, wie natürlich auch die Pflanzen. Zur Zeit ist jedoch die Pflanzenheilkunde zu sehr auf den physischen Körper beschränkt, sodass es noch eine Weile dauern wird, bis die energetische Wirkung der Pflanzen auf die anderen Körper erforscht und bekannt wird.

Wenn wir uns den Mentalkörper noch einmal in seiner jetzigen Zusammensetzung anschauen, dann gibt es noch eine andere Klasse von Zellen. Man könnte sie Bauzellen nennen. Diese können zu jeder Zeit an jeder beliebigen Stelle des Mentalkörpers in seine Struktur eingebaut werden. Damit wird der Mentalkörper sehr schnell veränderbar. Wenn z.B. an irgendeiner Stelle eine verkrustete Zelle zerplatzt ist, wird an dieser Stelle eine neue „Bauzelle" eingearbeitet, die das Potential besitzt, jede beliebige Schwingung anzunehmen, und die völlig frei von Behaftungen ist. Diese Potential-Zellen, wie wir sie auch nennen könnten, sind natürlich auch in der Lage, sich dort dem

Mentalgewebe anzuschließen, wo vorher noch keine andere Zelle war, womit sich dann der Mentalkörper jederzeit vergrößern kann.

Der Verstand

Der Verstand wird oft mit dem Mentalkörper verwechselt oder gleichgesetzt.

Er ist jedoch im Gegensatz zum Mentalkörper etwas Abstraktes, Formloses. Der Mentalkörper ist Materie, auch wenn ihr sie nicht seht. Der Verstand ist Teil des Mentalkörpers und dasjenige, das die Strukturen des Mentalkörpers kreiert, benutzt, stimuliert, aussortiert und bewertet.

Alle Strukturen,die im Mentalkörper vorhanden sind, wurden einst bewusst vom Verstand kreiert, und zwar aufgrund logischer Schlussfolgerungen in den Situationen, in denen diese Strukturen enstanden. Heute sind diese Strukturen und die Hintergründe, die zu diesen Strukturen führten dem Verstand nicht mehr ohne weiteres zugänglich, sodass es sich für die Persönlichkeit so anfühlt, als würde sie Spielball unsinniger, falscher oder sogar krankhafter Veränderungen sein.

Versteht: jedes Muster war einmal sehr sinnvoll auch wenn ihr es nicht nachvollziehen könnt.

Stellt euch vor, ihr spielt Scrabble. Das ist ein Spiel, in dem ihr aus verschiedenen, mit Buchstaben bedruckten Plättchen Wörter legen müsst. Die Vielzahl von Plättchen mit den einzelnen Buchstaben allein wird ohne Hilfe einer übergeordneten Sichtweise niemals irgendein Wort ergeben oder gar einen Sinn. Dann kommt jemand, der einige Buchstaben aneinanderreiht und ihnen somit einen Sinn gibt. Diese übergeordnete Sichtweise könnten wir als Verstand, die vielen bedruckten Plättchen als Mentalkörper bezeichnen. Man könnte auch sagen, das, was sich von einer Idee manifestiert, sind die Strukturen im Mentalkörper.

Es gibt z.B. die Idee: „eine Sonne ist sehr hell und heiß" und so wird mindestens eine Zelle, mit dieser Idee behaftet, im Mentalkörper existieren. Der Verstand ist nun in der Lage, diejenigen Teile oder Zellen, die in einem bestimmten Augenblick schwingen bzw. nicht schwingen, zu identifizieren und miteinander in Verbindung zu bringen. Das heißt, der Verstand kann Muster erkennen, die er selber erschaffen hat.

Aus bestimmten vergangenen Erfahrungen, die nicht mehr bewusst sind, ist z.B. im Mentalkörper - auch in den anderen Körpern, die wir hier aber außer acht lassen wollen - das Muster „alle Ausländer tun Böses" vorhanden. Dieses wird jedes Mal abgerufen, wenn sich ein Ausländer nähert. Nun hat aber der bewusste Teil des Verstandes die Möglichkeit, dieses Muster zu erkennen und als „falsch" zu identifizieren, womit ein Schritt in Richtung Auflösung von diesem Muster getan wäre.

Der Verstand kann nur lösen, was ihm bewusst ist. Anders der Emotionalkörper: Wenn dieser eine Schwingung erzeugt, die der Verstand zulässt, dann kann, wie weiter oben beschrieben, sehr viel transformiert werden, auch im Mentalkörper. Nur tut der Verstand dies eben nicht aktiv, sondern passiv, indem er seine Bewertungen loslässt. Das heißt, mit Hilfe des Emotionalkörpers kann sehr viel Klärungsarbeit in allen Körpern getan werden.

Dabei ist nicht der Mentalkörper der „Verhinderer", sondern der Verstand, der unbedingt alle Vorgänge, auch wenn er sie nicht versteht, kontrollieren will und damit den Mentalkörper zu einem viel kleineren und unfähigeren Gebilde macht als er sein könnte. Wenn nun die Muster, die meist unbewusst entstanden sind, weitgehend gelöst werden, kann der Mentalkörper mehr und mehr Ideen integrieren, die von der Seele und anderen höheren Wesen „gesendet" werden. Je freier die Zellen sind, um so höhere Frequenzen können aufgenommen werden, was ein höheres Bewusstsein, ein höheres Denken zur Folge hat. Also, ein Denken, das auf die Seele ausgerichtet ist.

Natürlich ist der Verstand viel zu beschränkt, als dass er all die Vorgänge des Mentalkörpers, geschweige denn die der anderen Körper, verstehen kann. Somit wird seine Kontrolle zu einem Paradoxon. Wie will er etwas kontrollieren, von dem er gar nichts versteht!
Der Verstand ist also nur ein gewisser Teil des Mentalkörpers, er vereinigt in sich sozusagen alle bewussten und einige unbewusste Sticker auf den behafteten Zellen. Da er zu den freien Zellen keinen Kontakt hat, denn seine Natur besteht ja darin, Ideen, Kommentare und Beurteilungen zu „verwalten", kann er also seine Kontrolle nur in Bezug auf diese Sticker ausüben. Es existieren für ihn die anderen Anteile des Mentalkörpers nicht.

Seht, wie begrenzt euer Verstand ist, und wie das Loslassen und das Hingeben an bestimmte Prozesse, die er nicht versteht, gegen seine Natur ist. Je stärker ein nicht bekannter Prozess, z.B. emotionaler Art, im Gange ist, desto mehr versucht der Verstand, die Kontrolle durch Festhalten am Bekannten zu erlangen.

Da der Verstand auf diese Weise funktioniert, haben sich sehr viele Religionen mit Techniken beschäftigt, die diese Kontrolle des Verstandes untergraben. Meditationen, Gebete, Mantras, Gesänge und Trancen, aber auch extreme Überreizung des Verstandes wie im Soto Zen, gehören zu diesen Techniken. Mit Hilfe dieser Techniken wird der Mentalkörper nicht ausgeschaltet oder gar abgetrennt, sondern der Verstand beruhigt und beschäftigt, damit andere Prozesse leichter stattfinden können. Es sind also Techniken, um die Kontrolle des Verstandes sanft zu umgehen.

Ihr wisst alle, dass der Verstand sich mit aller Macht Dingen gegenüber sperrt, die er als nicht wahr einstuft. Vertauscht einmal das Wort „wahr" in diesem Zusammenhang mit dem Wort „kontrollierbar". So werdet ihr schnell erkennen, dass der Verstand alles das als unwahr bezeichnet, was er nicht kontrollieren kann. Z.B.: das Thema der Geistheilung oder des Channelns ist für den Verstand ein unkontrollierbarer, unbeweisbarer und damit unwahrer Gegenstand.

Bei all dem Gesagten müsst ihr begreifen, dass ihr gerade im Begriff seid, mit eurem Verstand etwas über den Verstand zu erfahren. Ihr wollt also mit einem begrenzten Werkzeug etwas über die Begrenzung erkennen. Da ihr aber mit eurem begrenzten Werkzeug nichts anderes tun könnt, als eben das, was innerhalb dieser Grenzen möglich ist, kann das Ergebnis auch nicht anders sein als begrenzt!

Je mehr ihr über dieses Thema nachdenkt, um so mehr werdet ihr in der Lage sein, die Grenzen eures Verstandes zu erweitern und damit zu weiteren Erkenntnissen zu gelangen.

Es ist deutlich geworden, dass der Verstand ein Teil des Mentalkörpers ist, daher kann er weder überblicken noch verstehen, was in dem Teil des Mentalkörpers vorgeht, der nicht er selbst ist, und er kann genauso wenig verstehen, was der Emotionalkörper, der ätherische Körper oder der physische Körper ist. Sein Wissen über all dieses bezieht sich ausschließlich auf das, was wir vorher die Sticker genannt haben. Demnach sind auch alle Neuerungen und Erfindungen nur neue Kombinationen von Mustern und Stickern, die der Verstand fabriziert.
Mit diesem Wissen könnt ihr ahnen, wie begrenzt dieses Erkennen doch ist. Da ihr euch alle zur Zeit weitgehend über euren Verstand definiert, seid ihr weit davon entfernt, euch in eurer Ganzheit zu verstehen und anzunehmen. Immer, wenn ihr neue Möglichkeiten entdeckt, dann bittet ihr als erstes den Verstand, euch zu unterstützten

und die richtige Entscheidung für euch zu treffen. Erkennt jetzt, dass auch dies nur ein Sticker des Mentalkörpers ist, und lernt damit in der Art und Weise umzugehen, dass ihr euch diesen Umstand immer wieder bewusst macht, euch daran erinnert. Damit löst ihr langsam die Sticker, die z.B. sagen: „der Verstand ist die höchste Instanz", „der Verstand hat den größten Überblick, das größte Wissen".

Natürlich ist es für den Verstand sehr schwierig, diese Sticker loszulassen, da er sich nicht gerne selber seiner „Vormachtstellung" beraubt. Aber da ihr, wie ihr nun wisst, sehr viel mehr seid als nur der Verstand, können andere Anteile von euch damit beginnen, die alten Muster aufzulösen und sozusagen in den (bewussten Teil des) Verstand(es) mehr und mehr dieses Wissen hineinlegen, indem ihr neue Sticker im Mentalkörper erschafft, die z.B. heißen „mein Verstand ist sehr begrenzt", „es gibt viele andere Erfahrungs-, Erkennungs- und Integrationsvorgänge außer denen, die vom Verstand kontrolliert und für gut befunden werden".

Euer Verstand hat größtenteils - zur Zeit jedenfalls - die Funktion, euch zu begrenzen, und mit seiner Vormachtstellung ist er in der Lage, euch emotionalen Energien zu öffnen, mit denen ihr nicht im Fluss seid.
Nehmen wir ein Beispiel: Ihr seid auf einer Beerdigung eines euch sehr lieben Menschen. Ihr möchtet noch einige letzte unausgesprochene Dinge am Grab sagen und lösen, egal ob ihr dies laut oder leise tun wollt. Ihr seid in tiefer Trauer, das heißt, ihr habt euch der Trauer sehr weit geöffnet, weil der Verstand Trauer am Grab als „richtig" einstuft. Nun, kurz bevor ihr im Begriff seid, das zu tun, was ihr euch vorgenommen habt, taucht der Gedanke auf: „was werden die anderen denken, wenn ich jetzt so lange am Grab stehe". Sofort beginnt ihr euch der Angst zu öffnen, obwohl das nicht die emotionale Energie ist, mit der ihr jetzt im Fluss seid; das war nämlich die Trauer.

140

Durch euren Gedanken nun geht ihr aus eurem Fluss heraus und kreiert sozusagen die Angst. Ihr seid durch den Gedanken sehr verunsichert worden und es hängt von jedem einzelnen von euch ab, ob er in einer solchen Situation das, was er sich vorgenommen hat, trotz der Ängste erledigt oder nicht.

Macht euch klar, dass euer Verstand nur durch diesen Satz oder durch die Stimulation dieses Stickers ein emotionales Gefühl in euch hat hervorrufen können, das euch von eurem Fluss trennt.

Hier sei kurz erwähnt, dass der Verstand mit einer weiteren Struktur in Verbindung steht, deren ausschließliche Aufgabe es ist, euer Leben, euer Überleben zu sichern. In dieser Struktur – nennen wir sie die Lebensgarantie - sind alle Informationen enthalten, die ihr braucht, um zu überleben. Diese Informationen sind wiederum aus allen vergangenen Ereignissen entstanden, in deren Folge ihr gestorben seid. Damit euch dies nicht ein weiteres Mal geschieht, haben sich bestimmte Muster und Überzeugungen im Mentalkörper gebildet. Der Verstand weiß oft nicht, dass er bei dem Kombinieren von verschiedenen Stickern – also dem Reaktivieren der betreffenden Muster - ausschließlich nach den Kriterien des Überlebens handelt, die in dieser ihm nicht ohne weiteres bewusst zugänglichen Lebensgarantie verborgen liegen.

Oft können also bestimmte Muster, auch wenn sie vom Verstand her als unsinnig erkannt wurden, nicht gelöst werden, weil die Lebensgarantie es nicht zulassen kann.

Natürlich hat die Lebensgarantie die allerhöchste Priorität, egal wie unvernünftig es einem selbst vorkommen mag.

In unserem oberen Beispiel könnte die Person am Grab nicht mit dem Verstorbenen reden, wenn sie die Erfahrung gemacht hätte, dafür in der Vergangenheit schon einmal erschlagen worden zu sein. Die höchste Priorität ist das Überleben, also muss der Mensch schweigen, auch wenn es ihm absurd erscheint. Die Lebensgarantie, also die Struktur, die in Verbindung mit dem Verstand steht und das Überleben sichert, ist letztendlich für die meisten eurer Begrenzungen verantwortlich, denn diese Struktur unterscheidet nicht zwischen Zeit und Ort.

Das heißt in unserem Beispiel: auch wenn der Mensch in dem vergangenen Leben in einer vollkommen anderen Zeit und Kultur erschlagen wurde, Faktoren die unmöglich auf die jetzige Situation zutreffen, kann die Lebensgarantie dies nicht unterscheiden.

Dann kann der Verstand immer wieder darüber urteilen, wie dumm es ist, nicht am Grab zu reden, der Mensch wird dazu nicht in der Lage sein.

Der Verstand ist andererseits oftmals nicht in der Lage, zu erkennen, was im Mentalkörper vor sich geht, das heißt er kann die dortigen Prozesse nicht verfolgen. Das führt dann dazu, dass der Verstand eine Theorie als Wahrheit erklärt, die jedoch die Realität verdeckt. Dazu ein Beispiel: Eine Frau arbeitet in einem Büro. Jeden Montag beginnen ihr die Augen zu Tränen, wenn sie das Büro betritt. Ein gewissenhafter Arzt hat herausgefunden, dass sie allergisch auf die Auslegware reagiert und verschreibt ihr ein Antiallergikum, was ihr über die Woche hilft. Die darunter verdeckte Wahrheit ist allerdings, dass die Frau große Probleme mit ihrem Chef hat und nichts lieber täte als ihre Tätigkeit dort zu kündigen. Die Angst vor den Folgen dieser Erkenntnis ist so groß, dass dieser Teil vollkommen von ihr abgespalten wurde und damit dem Verstand nicht mehr zugänglich ist.

Schaut euch eure Ängste an und überlegt, welcher Gedanke mit Angst zusammenhängt. Sucht auch dann nach einem auslösenden Gedanken, wenn ihr glaubt, euer Angstgefühl wäre zuerst dagewesen.

Ihr werdet erkennen, dass es nicht viele Situationen in eurem Leben gibt, in denen ihr euch der Angst öffnet und in eurem Fluss seid. In den meisten Fällen hat die Angst mit der realen Situation, in der ihr euch befindet, gar nichts zu tun. Es handelt sich wie oben beschrieben um eine Projektion vergangener Erfahrungen in die Gegenwart mit der Vorausschau in die Zukunft. Ihr könntet das Schema aufstellen „wenn ich jetzt ...., dann werde ich ....". Das ist die Struktur, die meistens eure Angst auslöst.

Nun sind euch eure Emotionen, gerade wenn ihr sie stark körperlich spürt, sehr viel bewusster als eure Gedanken, und so glaubt ihr, das Gefühl wäre zuerst da und dann käme der Gedanke.
Bleibt ihr immer mit euren Gedanken in der Gegenwart, kontrolliert ihr also eueren Verstand, indem ihr ihm verbietet, Sätze der Zukunft zu denken, so werdet ihr mit der Zeit merken, dass die Angst aus eurem Leben verschwinden wird und ihr dadurch viel mehr Dinge tun, schaffen, kreieren könnt, als ihr bislang von euch angenommen habt.

Angst hat etwas mit euren Erwartungen zu tun. Wenn ihr euch also dabei beobachtet, wann Erwartungen in eurem Leben auftauchen, dann lernt ihr sehr viel über eure angstbesetzten Themen.

Natürlich hat der Verstand auch die Möglichkeit, euch für andere emotionale Energien zu öffnen. Zum Beispiel der Wut „ich brauche nur an ... zu denken, dann werde ich schon sauer". Das heißt also, über die Gedanken kommt ihr immer an alle möglichen Gefühle heran und könnt sie aus der Erinnerung heraus in euch wachrufen. Immer, wenn der Verstand eine Emotion auslöst, findet eine Projektion statt.
Das spielt sich in einer sehr offensichtlichen Weise ab, wenn ihr fernseht. Die Information, die ihr bekommt, projiziert ihr in eure eigene Situation mit Zukunftsbezug. Und so könnt ihr über einen traurigen Film gut weinen, weil ihr für diese emotionale Energie geöffnet werdet.

Seht ihr oft Krimis, werdet ihr euch mehr und mehr Gedanken machen, was geschehen könnte, wenn euch das passieren würde. Ihr seid dann bereits in der Spekulation über eure Zukunft gelandet und schwingt in Angst davor.

Es geschieht in eurem täglichen Leben sehr oft, dass ihr euch wegen eures Verstandes bestimmten emotionalen Energien öffnet, und damit in einer Frequenz zu schwingen beginnt, der ihr euch ohne Beurteilungen in diesem Moment nicht öffnen würdet. Dies geschieht am häufigsten mit der Angst, oft auch mit Trauer und Wut. Egal, welcher Energie ihr euch öffnet, ihr geht mit dem Verstand in eure Vergangenheit und benutzt diese „Geschichte", eure Geschichte, um die Emotion hervorzurufen. Dadurch verbringt ihr sehr viel Zeit damit, auf Frequenzen zu schwingen, die euch in eurem kreativen Fluss, in eurem Schaffen einschränken. Wenn ihr euch daran erinnert, dass es darum geht, die Frequenzen in euren Körpern zu erhöhen, so begreift ihr jetzt, wieviel dem im Wege steht:
euer Verstand.

Wenn ihr mit den emotionalen Energien im Fluss seid, in eurem täglichen, gegenwärtigen Umfeld, dann werdet ihr immer weniger auf sehr niedrigen Frequenzen schwingen und somit wird eure Begrenzung kleiner werden.

Natürlich werden auch die emotionalen Energien der Angst, der Trauer und der Wut zur Heilung benötigt. Die Arbeit liegt darin, dass ihr euch dieser Energien ohne Projektionen durch den Verstand öffnen könnt. Also, immer im jeweilig gegenwärtigen Augenblick.
Die Projektion von vergangenen Emotionen in die gegenwärtige Situation geschieht oft aufgrund von Erinnerungen durch Assoziationsketten oder analoges Denken, sodass ein Mensch seine Emotionen von damals nimmt und sie in die gegenwärtige Situation hineinzwängt, auch wenn einiges dagegen spricht. (Z.B.: was werden die Menschen denken, wenn ich am Grab laut rede.)

Im Gegensatz dazu handelt es sich bei der vorher besprochenen Regression um das Reaktivieren eines gesamten Ereignisses aus der Vergangenheit, also auf der mentalen, der emotionalen, der ätherischen und der physischen Ebene. Daher ist der das erlebende Mensch wieder in dem Film von damals. Er „wiedererlebt" das Ereignis.

Bei der Projektion sieht der Projizierende den Film von damals. Zwar ist er darin wieder der Protagonist, aber sein gesamtes Umfeld ist anders als in der Ursprungssituation.

Der Projizierende ist allerdings nicht mit Details beschäftigt, sodass ihm kleine Unterschiede weder auffallen noch ihn stören. Natürlich ist sich der Projizierende seiner Projektion nicht bewusst. Sobald er sich dessen bewusst wird, kann er den Vorgang sofort abbrechen.

Wie könnt ihr nun unterscheiden, ob ihr gerade in einer Regression oder in einer Projektion seid?

Dazu ein Beispiel:

Angenommen, ihr seid als Kind ein paar Mal sehr stark auf den Kopf gefallen, als ihr auf dem Spielplatz wart. So habt ihr vor dem Spielplatz eine große Angst entwickelt und seid sehr vorsichtig geworden. Auf bestimmte Spielplätze seid ihr sehr ungern gegangen. Mit zunehmendem Alter ist euch dieses Wissen, das in allen Körpern gespeichert ist, abhanden gekommen. Da ihr als Erwachsener nicht auf Spielplätze gegangen seid, wurden diese Erlebnisse nicht mehr berührt oder erinnert.

Später bekommt ihr Kinder, und sie kommen in das Alter, in dem ihr mit ihnen auf Spielplätze geht.

Zuerst bemerkt ihr, dass ihr keine Lust dazu habt und findet alle möglichen Ausreden, z.B., dass euer Partner doch diesen „Job" übernehmen solle. Ihr projiziert euer Gefühl von damals in die jetzige Situation, vollkommen unbewusst.

Nachdem sich euer Partner das eine Weile mit angesehen hat, wird er zunehmend ungemütlich und fordert euch auf, endlich auch einmal mit eurem Kind auf den Spielplatz zu gehen. Da es auch keinen triftigen Grund gibt, dies nicht zu tun, geht ihr also auf den Spielplatz. Als ihr mit eurem Kind auf die Rutschbahn klettert, bekommt ihr plötzlich sehr große Angst. Ihr beginnt, körperlich mit Schweiß und Atemlosigkeit zu reagieren, dann schreit ihr das Kind an, es solle sich gefälligst festhalten und, und, und.

Endlich wieder auf dem Boden, seht ihr, wie lebensgefährlich dieser Spielplatz ist. Und nur eure gute Erziehung verbietet euch, loszuheulen. Ihr seht keinen anderen Weg, als in Wut rumzuschreien.

Zu diesem Zeitpunkt seid ihr voll regrediert.

Eine Regression findet also dann statt, wenn die Reize von außen so stark sind, dass alle Anteile, die in den ursprünglichen Situationen in bestimmten Frequenzen geschwungen haben, nun auch wieder stimuliert werden, ausgehend von den Sinnen und den dazugehörigen Kommentaren.

Während der Regression kommt es immer zur Projektion.

Bei einer Projektion handelt es sich um das Reaktivieren der Schwingung eines Körpers, meist des Emotionalkörpers. Diese emotionale Schwingung lässt relativ schnell wieder nach, wobei der Mentalkörper jedoch oft über einen langen Zeitraum weiterhin so reagiert, als ob die ursprüngliche Situation wieder stattfände.

Wenn also der Verstand durch seine Bewertungen oder Kommentare die Persönlichkeit für bestimmte emotionale Energien öffnet, so ist dies etwas völlig Anderes, als wenn ihr euch diesen Energien öffnet, weil sie zu eurem Fluss in dem jeweiligen Moment gehören.

Geschieht das sehr häufig - wie mit der Angst - so wird eure Frequenz permanent niedrig gehalten, was euch von eurem Vorhaben, nämlich von der Manifestation eurer Wünsche, in sehr starkem Maße abhält. Es ist so, als würdet ihr euch ständig in Zeitlupe bewegen während ihr auf euer jeweiliges Ziel zugeht.

Natürlich ist die Angst nicht schlechter als alle anderen emotionalen Energien. Dennoch nimmt sie eine Sonderstellung ein. Sie wird fast immer von euren Gedanken kreiert und ist der Ursprung der anfänglichen Differenzierung der Emotionen. Wut, Trauer und alle anderen Gefühle und Empfindungen würde es nicht geben, wenn es nicht die Angst gäbe. Die Angst nicht mit dem göttlichen in Verbindung zu stehen, nicht Teil der Göttlichen Energie oder der universellen Lebenskraft zu sein. Denn habt ihr wirklich Gewissheit, dass ihr Teil der universellen Lebenskraft seid, so hätten ihr keine Angst mehr, auch nicht vor dem Tod.
Das ist die Wiederauferstehung auf die ihr alle zustrebt.

Es geht in Zukunft darum, den Verstand nicht mehr als allwissende oberste Gesetzgebung anzuerkennen - da er oft gegen das Wachstum arbeitet -, sondern ihm den Raum zu geben, der ihm gebührt, nicht mehr und nicht weniger. Dann werdet ihr durch ihn einen Unterstützungsmechanismus gewinnen, der euch wirklich hilfreich ist, und euer Leben unglaublich bereichert, ohne euch zu kontrollieren und zu behindern.

Ihr müsst lernen, zu erkennen, wann euer Verstand euch buchstäblich auf den Füßen steht und wann er euch hilfreich zur Seite steht.
Wenn ihr euch z.B. vornehmt, ein Bild zu malen, und dann „hört" ihr euch denken: „das wird aber wahrscheinlich nicht so schön, ich konnte noch nie malen ...", ist dies ein sicheres Zeichen dafür, dass euch euer Verstand nicht unterstützt. Er ist sofort in ein polares Denken von „schön" und „nicht schön" gegangen, was einzig dazu führt, dass ihr länger oder kürzer zögert, mit dem Bild anzufangen.

So wie dies hier im kleinen geschieht, geschieht es natürlich auch bei allen anderen Entscheidungen und Vorhaben, die ihr im Leben anstrebt. Der quasselnde Verstand ist eine sehr große Bremse für euch.

In dem Beispiel mit dem Bild wäre es wichtig, die Kommentare des Verstandes sofort zu unterbrechen, indem ihr ganz einfach jedes Mal, wenn ihr euch dabei ertappt, auf den Verstand zu achten, etwas Anderes denkt und sofort in die Aktion geht. Solange ihr in der Aktion seid (nämlich das Bild zu malen), könnt ihr nicht darüber nachdenken, was wie wann wohl sein wird. Ganz einfach betrachtet, ist der Verstand abgelenkt mit dem Halten des Pinsels, mit dem Mischen der Farben und dem Auftragen. Ganz in dieses Geschehen vertieft, ist er nicht in der Lage, seine Beurteilungen anzustimmen. Diesen Zustand nennt man auch Meditation.

Es ist also ratsam und wichtig, immer im Handeln zu bleiben. Das heißt nicht, dass dann keine getroffenen Entscheidungen mehr rückgängig gemacht werden können, weil der Verstand vollkommen ausgeschaltet wird und ihr somit Opfer eurer Entscheidung und der folgenden Aktionen werdet.

Es geht vielmehr darum, auf eine neue Erkenntnis mit einer Tat zu reagieren und nicht, was ihr meistens tut, in die Handlungslosigkeit zu gehen.

Solltet ihr also, während ihr ein Bild malt, feststellen, dass es euch nicht so gelingt, wie ihr erwartet hattet, dann könnt ihr aufhören zu malen und eine neue Aktion in Angriff nehmen.

Doch meistens beschäftigt ihr euch sehr intensiv und mit viel Aufwand damit, wie unfähig ihr doch seid, ein Bild zu malen, etc. Daraus zieht der Verstand all seine Bestätigung und somit werden die Beurteilungen beim nächsten Mal noch etwas lauter und euer Zögern noch stärker. Dazu kommt, dass ihr euch dann auch noch für eure Unfähigkeit energetisch bestraft und sich euer Energiefeld mehr und mehr zusammenzieht.

Im übrigen ist der häufigste Grund, dass ihr euch von euren Wünschen trennt, der, dass ihr immense Erwartungen an euren Wunsch knüpft, den ihr damit sehr einschränkt. Natürlich öffnen die Erwartungen einen großen Raum für eure Ängste – nämlich für den Fall, dass all eure Erwartungen nicht eintreffen sollten - und schon seid ihr wieder dabei, zu zögern, anstatt irgendetwas zu tun.

Im Falle des Wunsches, ein Bild zu malen, habt ihr mit dem Bild bestimmte Erwartungen verbunden; da diese aber nicht eingetreten sind, trennt ihr euch von eurem Wunsch wieder ab.

Aber die Erwartungen, die ihr hattet, bevor ihr angefangen habt zu malen, waren auch ausschließlich vom Verstand abgegebene Kommentare und die dazu polaren Kommentare.

Zum Beispiel: Ich werde ein sehr schönes, buntes, kraftvolles Bild malen. Die unbewusste Polarität darin heißt: bunte, kraftvolle Bilder sind schön, alle anderen nicht.

Nun steht ihr vor eurem vollendeten Bild und seht, dass die Farben matt und dunkel, ja das ganze Bild völlig anders ist als erwartet. Eure Reaktion ist, wie gesagt, euch selbst zu beschimpfen, bzw. vom Verstand beschimpfen zu lassen, weil ihr euch wieder einmal bewiesen habt, nicht malen zu können, anstatt z.B. euer Bild zu betrachten und zu bemerken: „oh, da ist etwas zum Ausdruck gekommen, was ich noch gar nicht kannte, sehr interessant".

Nun zurück zu euren Kommentaren, die euch zu Beginn jeder eurer Handlungen zögern lassen, wirklich zu manifestieren.

Dazu möchte ich eine Übung mit euch machen:

Übung zum Erfahren des Zögerns aufgrund der Kommentare des Verstandes

Du bist in einer großen Menschenmenge und du willst ans Ende des Raumes zum Ausgang gehen, einfach weil du es beschlossen hast.

Du gehst also los und gerade in dem Moment ruft jemand neben dir: „halt, der Ausgang ist doch genau auf der anderen Seite". Du stutzt und schaust dich um. Als du dich wieder versichert hast, dass der Ausgang genau dort ist, wo du ihn vorher gesehen hattest, kommt ein guter Freund auf dich zu und sagt dir sehr klar und deutlich, dass er genau sieht, dass du ja gar nicht gehen willst. Nun fängst du an, mit diesem Menschen zu diskutieren. Wieder bist du der Tür nicht einen Schritt näher gekommen. Nachdem der Freund weg ist, gehst du langsam los. Doch ständig treten dir gute Freunde in deinen Weg und bringen dich mit triftigen Gründen dazu, immer wieder zu zögern.

Höre ihnen allen gut zu und beobachte auch, wie du auf sie reagierst. Nachdem dir genug gute Freunde in den Weg gekommen sind, hast du keine Lust mehr auf gute Freunde und so beschließt du, einfach nur noch zu gehen.

Merke, wieviel Kraft es dich kostete, auf deine guten Freunde gehört zu haben; merke, wieviel Zeit es dich kostete, mit ihnen diskutiert zu haben. Und spüre klar und deutlich, was du tun musst, um aus dem Saal hinauszukommen.

Du siehst also klar und deutlich, was du tun musst, um eine Entscheidung in die Tat umzusetzen. Das heißt nicht, dass du, wenn du erst einmal aus dem Raum bist, nicht wieder hineingehen kannst.

Oft benutzt ihr etwas, das ich als das „Unterstütz-mich-bitte-Spiel" bezeichnen möchte. Ihr tut dies, um euch Unterstützungsmechanismen von außen zu holen, die euch selber fehlen. Natürlich werdet ihr mit diesem Spiel nicht wirklich unterstützt, es sei denn in dem Spiel, das ihr spielt, nicht aber in dem, was ihr dringender braucht. Deshalb fühlt sich dieses Spiel auch immer ein wenig merkwürdig an.

Stell dir vor, du möchtest gerne ein paar Freunden eine kleine Tanzdarbietung zeigen. Nur weil du Lust hast und weil du weißt, dass du auch wirklich gut bist und es allen Spaß machen würde. Trotzdem ist da immer wieder ein Satz in deinem Verstand, der heißt: „wahrscheinlich denke ich nur, dass ich gut bin, den anderen gefällt es gar nicht". Dieser Kommentar ist sehr schwach, denn du weißt, dass du gut bist und dass deine Freunde sich sehr freuen würden. Du erzählst nun einem besonders guten Freund davon, weil du weißt, dass er die Idee genial findet, denn er hat dich schon oft tanzen sehen und liebt es, dir zuzuschauen.

Dieser Freund wird dich nun mit viel Mühe dazu ermuntern wollen. Sobald er einen Satz der Bejahung deiner Idee genannt hat, gehst du in die Polarität und übernimmst den Teil, der an dir zweifelt. Je nachdem, wie lange du dieses Spiel spielst, kommt es früher oder später zu dieser Tanzaufführung, von der alle begeistert sind.

Warum hast du also das Spiel der Unterstützung von außen gespielt, obwohl du genau wusstest, was du von dir hältst. Der Grund dafür liegt in einem anderen Muster des Verstandes, das z.B. sagt: „für dich selbst darfst du nicht werben, Eigenlob stinkt", „man wartet, bis man gefragt wird". All diese Kommentare verbieten dir, so spontan wie ein Kind zu sein, das in voller Überzeugung seiner einmaligen Fähigkeiten alles auch noch so wenig Eingeübte einfach tut, weil es Lust dazu hat.

Es wird Zeit, dass ihr alle dieses Muster loslasst und aufhört, euch zu zieren. Wenn ihr wirklich die Meinung von außen hören wollt, ist das etwas Anderes. Doch dann seid ihr auch bereit, Dinge zu hören, die euch nicht ausschließlich loben, sondern euch wirklich konstruktiv unterstützen.

Es könnte dann sein, dass der Freund zu euch sagt, ihr könntet die eine oder andere Stelle noch ein wenig verfeinern, harmonischer mit der Musik abstimmen usw.. Wenn ihr allerdings das "Unterstütz-mich-bitte-Spiel" spielt, seid ihr nicht bereit, wirklich zu hören, was der andere zu sagen hat, sondern nur das, was ihr hören wollt.

Dieses Spiel nun hat mit der zuerst beschriebenen Verzögerung aufgrund von Erwartungen etc. nichts zu tun.
Habt ihr den Unterschied verstanden?

Ich möchte noch einmal sagen, dass der Verstand nicht etwas ist, was ihr loswerden sollt oder müsst. Er ist etwas, was ihr auf seine Funktion zurückführen müsst, damit ihr den Verstand benutzen könnt und nicht der Verstand euch benutzt.

Stop

Ein sehr effektives Werkzeug für euch ist das Wort „Stop"

Jedes Mal, wenn euer Verstand beginnt, euch mit seinen Kommentaren zögern zu lassen, wenn er euch mit seinen Projektionen der Angst öffnet, wenn er euch zweifeln lässt und ihr dadurch handlungsunfähig werdet, dann denkt das Wort „Stop" und seht ein Stopschild vor eurem geistigen Auge.

„Stop" ist ein international anerkanntes Zeichen (Piktogramm); es ist aufgeladen mit der Energie des sofortigen Innehaltens und es wird jeden Tag auf der ganzen Welt weiter mit dieser Energie aufgeladen.

Macht euch diese Energie zu nutze!

Stoppt alle Gedanken, die dem Erkennen eurer Selbst im Wege stehen.

Der Emotionalkörper

Er ist auch aus kleinen Zellen aufgebaut, die natürlich in ihrer Art und Weise vollkommen anders sind als die des Mentalkörpers. Die einzelnen Zellen besitzen einen ähnlichen Aufbau und doch kann der Emotionalkörper zur selben Zeit an verschiedenen Stellen unterschiedlich aussehen. Er ist immens ausdehnungsfähig und in ständiger, pulsierender Bewegung, sodass er keine feste, dauerhafte Form besitzt. Er pulsiert als ganzes und ebenso pulsieren verschiedene Regionen in unterschiedlichen Rhythmen.

Der Aufbau der Zellen im einzelnen ist nicht wichtig. Wichtig ist für euch nur, wie der Energieaustausch zwischen den einzelnen Körpern stattfindet und wodurch dieser Austausch unterstützt werden kann.

Im Emotionalkörper gibt es keine verklebten oder verkrusteten Zellen. Wie unterschiedlich die Zellen auch sind, alle haben die Fähigkeit, jede beliebige Schwingung aufzunehmen und in ihr zu vibrieren. Es gibt also keine den emotionalen Energien gegenüber verschlossenen Zellen, so wie es im Mentalkörper keine für Mentalenergie verschlossenen Zellen gibt. Es gibt allerdings in bestimmten Bereichen des Emotionalkörpers Zellen mit höherer oder schnellerer Bereitschaft, auf eine emotionale Energie zu reagieren.

Wie wir gesehen haben, gibt es im physischen Körper, im Solar-Plexus-Bereich, eine besonders große Anzahl von Rezeptoren, die in der Frequenz der Wut schwingen können. Im Emotionalkörper gibt es ähnliche Anhäufungen von Zellen, die besonders bereit sind, in einer bestimmten emotionalen Frequenz zu schwingen. Von ihnen ausgehend, ziehen Wellen der emotionalen Erregung durch den gesamten Emotionalkörper.

Wie es nun zu den Anhäufungen bereiter Zellen kommt, ist sehr einfach. Es hat immer etwas mit dem Zulassen und der Hingabe zu tun.

Es gibt Stellen im Emotionalkörper, die durch den Mentalkörper stärker kontrolliert werden und somit sehr viel langsamer und kürzer in einer bestimmten emotionalen Energie schwingen können. Diese stärker kontrollierten Gebiete entstehen dadurch, dass der Emotionalkörper Löcher oder Risse etc. besitzt, in deren Umfeld eine größere Kontrolle, vom Mentalkörper ausgehend, stattfindet, damit diese nicht gefüllten Gebiete, die ja sehr schmerzhaft für die Person sind, nicht berührt zu werden brauchen. In den Bereichen, in denen weniger Kontrolle herrscht, gibt es mehr Zellen, die frei schwingen können.

Diese Risse und Löcher sind nicht allein in eurer jetzigen Inkarnation entstanden. Die Verletzungen und die Kontrolle reichen sehr weit und immer wieder werdet ihr auf Zonen dieser Art treffen. Das heißt: es werden in euch von anderen Menschen oder Ereignissen diejenigen Bereiche im Emotionalkörper aktiviert oder stimuliert, die ihr unter Verschluss, also Kontrolle halten wollt, weil dies die Bereiche der größten Verletzungen und des tiefsten Schmerzes sind.

Wenn ihr diese Bereiche berührt, also die Umgebung der Risse im Emotionalkörper, geht das oft mit Todesangst einher. In dieser Todesangst ist die Persönlichkeit in der Situation gewesen, in der das Trauma stattfand, welches dazu geführt hat, dass der Emotionalkörper Teile von sich „wegschicken" musste und dadurch die Risse entstanden. Dieses Wissen, also ganz konkret die Todesangst, ist in den Zellen des Emotionalkörpers verankert und abrufbar. Denn so wie der Mentalkörper gedankliches Wissen beinhaltet, beinhaltet natürlich der Emotionalkörper emotionales Wissen, der physische Körper Wissen über alle vergangenen Körpergefühle, und der Energiekörper Wissen über alle energetischen Vorgänge aus eurer Vergangenheit.

Natürlich hattet ihr in euren vorherigen Inkarnationen andere Körper. Das Wissen jedoch bleibt über den Tod hinaus in der Seele bzw. im

Kausalkörper, oder als reines Bewusstsein – je nachdem welchen Glaubens ihr seid - erhalten. Mit Hilfe dieses Wissens „erschafft" sich die Seele in der folgenden Inkarnation genau den Körper, der für ihre Zwecke, also dem Halten des vergangenen Wissens und dem Klären und Heilen der Verletzungen und der alten Muster, dienlich ist.

Wird nun ein bestimmter emotionaler Bereich in der Umgebung eines Risses stimuliert, so wird damit alles stimuliert, was zu dem Riss geführt hat. Da das meistens mit Todesangst einhergeht, ist das für den Verstand der Beweis, dass es besser ist, nicht zu fühlen.

Wenn zum Beispiel eine Person in einem Vorleben zu Tode gefoltert wurde, dann hat die Person währenddessen einige Teile aus ihrem Emotionalkörper weit wegschicken müssen, um nicht ständig die Todesangst zu spüren. Dieses Wegschicken von Anteilen geht immer mit Schock einher. Es dient dazu, die Persönlichkeit vor Schmerz emotionaler und physischer Art zu schützen. Ebenso werden dadurch die Anteile im Mentalkörper ausgeschaltet, die zu keiner Lösung kommen, das heißt: die vergeblich bemüht sind, das Geschehen zu verstehen.

In einem späteren Leben trifft die Person einen Menschen, der die gleiche Stimme hat, wie ihr Peiniger damals, und sofort wird das gesamte traumatische Erlebnis emotional stimuliert und die Person spürt, ohne es zu verstehen, die Nähe der Todesangst. Da die Person ja die Anteile im Vorleben weggeschickt hat, die die Situation nicht mehr aushalten und verarbeiten konnten, berührt die Person natürlich auch in der Erinnerung nicht wirklich die Todesangst. Es ist vielmehr so, dass die Person spürt: „wenn ich einen Schritt weitergehe, dann werde ich sterben". Um nun diese Teile wieder zurückzuholen und damit die Erfahrung zu integrieren, ist es nötig, trotz der Todesangst das traumatische Ereignis emotional wieder zu erleben; oder andersherum: wenn die weggeschickten Teile des Emotionalkörpers wieder zurückgeholt werden, so wird die Person diese heftigen Emotionen aus der traumatischen Situation erneut fühlen. Nur diesmal mit dem Wissen, dass sie danach nicht sterben wird (anders als in der ursprünglichen Erfahrung).

Wenn ich in diesem Zusammenhang von wegschicken spreche, so hört sich das wie ein bewusst geplanter Vorgang an. Das ist natürlich nicht der Fall. Dies geschieht sozusagen aus Reflex, und zwar in jeder traumatischen Situation, die die Persönlichkeit nicht verarbeiten kann.
Diese weggeschickten Anteile von euch machen es möglich, dass ihr die traumatischen Ereignisse, auch wenn sie in eurem jetzigen Leben in der Kindheit stattfanden, vollständig vergesst. Da der Verstand dem Emotionalkörper in Bereichen von Rissen „verbietet" zu schwingen, werden diese Bereiche nie unkontrolliert in Schwingung geraten. Der Verstand will mit dem vergangenen Trauma, das er nicht begreift, nichts zu tun haben und verbietet die Vibration der analogen mentalen Anteile. Damit ist das Erlebnis verdrängt. Das Unbewusste ist demnach all das, was dem Verstand nicht mehr zugänglich ist. Er kann und will gegen die Kontrolle des Mentalkörpers - nämlich die Schwingung zu verhindern - nicht angehen. Er ist nicht in der Lage dem Mentalkörper den Befehl zu geben in diesem Bereich zu schwingen, jedenfalls nicht schlagartig. Dies kann nur in einem langsamen Bewusstwerdungsprozess geschehen, indem die vergangenen Traumata aufgearbeitet werden.

Um zu heilen und eure Körper lichter werden zu lassen, ist es notwendig, eure weggeschickten Anteile wieder zu integrieren. Nutzt jede Gelegenheit dazu, wann immer sie euch gegeben wird.
Zwischen den Zellen des Emotionalkörpers ist sehr viel zartes Gewebe, das sehr elastisch ist, um sich der verschiedenen Schwingung jeweils anpassen zu können. Wenn die Zellen langsam und schwach schwingen, wird das umliegende Gewebe auch nur eine geringe Verschiebung erfahren. Wenn jedoch die Zellen sehr stark vibrieren, so

dehnt sich auch das umliegende Gewebe sehr stark aus, was dann einen Lawineneffekt in Gang setzt. Dadurch breitet sich eine bestimmte Schwingung über den gesamten Körper aus.

Es kann also in sehr kurzer Zeit der gesamte Emotionalkörper von einer Schwingung ergriffen werden. Das ist ein großer Unterschied zum Mentalkörper, dessen Gewebe sehr viel starrer ist und die Schwingung nicht auf andere Zellen überträgt, ohne dass es vorher zu einer Art Befehl oder Erlaubnis dazu kam.

Ihr seht, der Emotionalkörper ist also jederzeit äußerst bereit, schnell in jeder emotionalen Energie zu schwingen. Der Emotionalkörper kennt keinerlei Bewertungen. Ganz im Gegenteil: durch den zwar nicht gleichen, aber doch analogen Aufbau der emotionalen Energie und dem Emotionalkörper ist immer der Gleichschwung vorgegeben. Alles, was dem im Wege steht, ist die Bewertung im Mentalkörper.

Um es noch einmal zu sagen: für den Emotionalkörper macht es keinen Unterschied, ob er in der einen oder der anderen Energie schwingt. Egal, ob ihr es Freude oder Wut nennt, wichtig ist nur, dass diese Schwingung sich ausbreiten kann und der Emotionalkörper mehr und mehr heilt, ganz wird, um mehr Licht und höhere Frequenzen zulassen zu können.
Wir haben uns schon angesehen, wie stark manche Bewertungen des Verstandes auf den Emotionalkörper einwirken. Ein Befehl, der sofort alle Schwingung im Emotionalkörper zum Erliegen bringt, wirkt über das Gewebe, das zwischen den Zellen liegt.
Stellt euch vor, ihr sitzt auf einer Schaukel und schaukelt sehr lange, sehr hoch. Wenn nun jemand sagt, ihr sollt sofort aufhören, so müsstet ihr so lange warten, bis sich der Schwung verlangsamt hat, damit ihr von der Schaukel absteigen könnt. Um sofort anhalten zu können, bräuchtet ihr jemanden, der die Schaukel anhält.

Genauso verhält es sich mit den Zellen im Emotionalkörper. Sie sind nicht in der Lage, sofort aufzuhören zu schwingen. Es ist für die Zellen im Emotionalkörper ganz ungewöhnlich, vollkommen regungslos zu sein. Sie sind immer, zu jeder Zeit in Schwingung, auch wenn ihr oft glaubt, keine Gefühle zu haben. Die Zellen im Emotionalkörper schwingen immer, das ist ihre Natur. Wenn nun ein sehr stark hemmender Befehl vom Mentalkörper kommt, so können die Zellen gar nicht darauf reagieren. Es reagiert das Gewebe, das zwischen ihnen liegt.

Und zwar mit einem erstarrenden Schreck oder Schock. Damit ist der Raum, den die Zellen zum Schwingen zur Verfügung haben, schlagartig eingeschränkt, und je nachdem, wie stark die Schwingung der Zellen war, kommt es zu unterschiedlichen Folgeerscheinungen.

Am Beispiel mit der Wut haben wir schon gesehen, dass es zu einem Durchbruch der Zellen kommen kann; und weil dann die Schwingung nicht mehr zu halten ist, kommt es zu dem Wutausbruch. Bei diesem Vorgang geht allerdings immer ein wenig Gewebe vom Emotionalkörper kaputt, sodass es zu einem Schmerz im Emotionalkörper kommt, den ihr oft nach einem Jähzornausbruch spüren könnt.

Schwingen die Zellen nicht derart stark, dass es zu einem Durchbruch durch das Gewebe kommt, wird der Emotionalkörper nicht verletzt, aber die Zellen, die gerade noch in Schwingung waren, werden so plötzlich an der Ausführung ihrer ganz natürlichen Fähigkeit gestoppt, dass es zu einer Art Verwirrung der Zellen kommt.

Verwirrung hat in eurem Sprachgebrauch immer etwas mit Bewusstsein zu tun. Natürlich gibt es diese Art von Bewusstsein nicht im Emotionalkörper, und doch wissen die Zellen, dass sie gerade noch in Schwingung waren, und vor allem, dass sie schwingen wollen, weil es ihre Natur ist. So wie Reflexe euren Körper bestimmte Dinge tun lassen - z.B. schluckt ihr immer, wenn Speise eine bestimmte Stelle im Gaumen berührt - genauso schwingen die Zellen des Emotionalkörpers, vollkommen ohne Wissen darüber. Dieses Wissen wird erst aktiv, wenn die Zellen nicht mehr schwingen können.

Eine Zelle wird immer weiter in ihrem Rhythmus bleiben, bis ihre Schwingung sich wieder mehr ausdehnen kann. Bleibt der Zelle gar kein Raum mehr zur Bewegung, so setzt sie ihre Schwingung innerhalb von sich selbst fort, immer darauf wartend, dass ihr wieder mehr Platz zur Verfügung steht.
Es ist also für den gesamten Emotionalkörper vollkommen wider seine Natur, nicht in Schwingung zu sein.

Alle Zellen des Emotionalkörpers befinden sich also im Idealfall jederzeit in Schwingung.

Wenn ich vorhin sagte, es gebe in Solar-Plexus-Bereich eine Anhäufung von Zellen, die bereiter sind, in der Frequenz der Wut zu schwingen als andere, dann heißt das jedoch nicht, dass diese Zellen ausschließlich in Wut schwingen. Das heißt nur, dass sie diese Frequenz schneller aufnehmen als andere Zellen. Dies hängt vor allem wieder mit euren Erfahrungen und Bewertungen zusammen.

Das Solar-Plexus-Chakra mobilisiert unter anderem die Energie, die ihr benötigt, um fokussiert auf ein Ziel zugehen zu können. In der Geschichte der Menschheit ist dies derart oft mit Schaden für andere Menschen einhergegangen, dass sich eine starke Bewertung auf diese Energie gebildet hat.
Diese für euch lebenswichtige und für alles, was ihr im Leben manifestieren wollt, unbedingt erforderliche Energie wird aufgrund eurer Bewertungen und dem damit verbundenen „weg damit"-Verhalten stark eingeschränkt. Erinnert euch, dass dies die Definition von Wut ist. Diese Energie ist vor allen im Solar-Plexus-Bereich - wegen des Solar-Plexus-Chakras im Ätherkörper - gegenwärtig. Deswegen sind die Zellen in

dem dazu analogen Bereich im Emotionalkörpers eher bereit, in dieser Frequenz zu schwingen, als Zellen anderer Bereiche.

In dem dazu analogen Bereich im physischen Körper - nämlich in der Magengrube - fühlt ihr dann einen stärkeren oder schwächeren Druck.

Um es noch einmal klar auszudrücken: es gibt keine Zellen im Emotionalkörper, die ausschließlich in einer Frequenz schwingen.

Ich möchte euch jetzt noch eine Meditation vorschlagen.

Meditation zum Fluss im Emotionalkörper

Verbindet euch mit der Erde und stellt euch vor, ihr steht vor einem roten Lavafluss. Ihr seid ganz nah, ohne verbrannt zu werden. Ja, ihr spürt die Hitze nicht einmal.

Ihr beobachtet, wie sich der Fluss immer langsamer bewegt, wie seine Oberfläche immer mehr abkühlt und dunkler wird, verhärtet und erstarrt. Schließlich wird euer Bewusstsein ganz in das Innere des Lavaflusses eingesogen. Ihr seid der Lavafluss. Und ihr spürt, wie ihr außen immer mehr verhärtet und starr und kalt werdet, innen aber geschmeidig, heiß seid, euch ständig bewegend.

Wenn ihr dies lange genug erfahren habt, kehrt zum Ufer zurück, lasst das eben Erlebte in euch nachhallen, versteht, in welcher Geschwindigkeit ihr selbst sehr oft am Tag verhärtet.

Geht nun zu einem Fluss angenehm warmem Wassers und beobachtet dort die Fische: ihren Tanz, ihre ständige Bewegung. Werdet ein Fisch, spürt und erlebt eure ständige Bewegung, eure direkte Reaktion auf jede neue Wasserströmung. Nehmt die Lebendigkeit, den Fluss, das Leben wahr.

Kehrt dann zurück ans Ufer und beendet die Meditation.

Was waren eure Erfahrungen?

Wie könnt ihr den Zustand des Fließens jederzeit in euch wieder hervorrufen?

Was hindert euch daran, zu sein wie ein Fisch im Fluss?

Denkt darüber nach.

Der physisch - ätherische Körper und die Chakras

Wenn ich von physisch-ätherisch rede, so will ich damit ausdrücken, dass der physische Körper insofern mit dem ätherischen Körper verwoben ist, als dieser durch das Vorhanden-, oder nicht Vorhandensein von Energie den physischen Körper gestaltet bzw. seine Vorlage ist. Der physische Körper ist sozusagen der momentan für die meisten von euch einzig sichtbare Teil der untrennbaren Einheit von physischem und ätherischem Körper. Alles, was im physischen Körper existiert, ist zuerst im ätherischen Körper vorhanden. Das gleiche gilt für das Nichtvorhandensein.

Sehr viel ist über das Chakrasystem bekannt, und es gibt kaum etwas, was ich an dieser Stelle hinzufügen möchte.
Nur eben dies:
Eure Chakras verbinden euch auch - neben vielem anderen - mit den höheren Aspekten von euch selbst, mit höheren Ebenen und mit anderen Wesen, egal auf welcher Ebene und in welcher Dimension.
Mit dem Schwingen eurer Körper in den verschiedenen emotionalen Frequenzen erfahren die Chakras eine Reinigung bzw. eine Entfaltung, die euch mehr und mehr mit euch selbst und mit anderen verbindet. Auch hierbei ist es wichtig, dass ihr euch soweit ausbreitet, wie ihr euch selbst ausdehnen könnt.

Es geht nicht darum, euch mit Hilfe bestimmter Techniken auszudehnen und die Chakras aufzusprengen, wie es zur Zeit sehr in Mode ist. Wenn ihr anschließend nicht in der Lage seid, mit diesem Mehr an Raum und mit der erhöhten Energie umzugehen, werdet ihr mehr Schaden als Nutzen davon haben.
Eure Ausdehnung ist euch nur soweit dienlich, wie ihr damit auch umgehen könnt. Euer Körper muss erhöhte Frequenzen verkraften

können, und ihr müsst den Raum, der euch zur Verfügung steht, füllen können.

Was geschieht mit einer Villa mit 12 Räumen, in der nur eine Person wohnt?

Wieviel Räume kann eine Person in der Villa füllen?

Mit Füllen meine ich nicht unbedingt, wieviel Möbelstücke eine Person in die 12 Räume stellen kann, sondern: wie werden die Räume energetisch, also zweckorientiert genutzt?

All die Räume, die nicht wirklich genutzt werden, werden vernachlässigt und verschmutzen. Spinnen und andere Tiere nehmen von ihnen Besitz. Langsam verrotten diese Räume.

Genauso geschieht das mit inneren Räumen, die ihr nicht nutzt.

Je mehr ihr wachst, desto mehr werdet ihr füllen können. Ihr braucht nicht daran zu arbeiten, mehr und mehr Raum zu bekommen. Wenn ihr euch um eure innere Entwicklung kümmert und dadurch wachst und euch ausdehnt, dann wird euch das Mehr an Raum, das ihr braucht, sofort zur Verfügung stehen:

Raum, eure Kreativität zu leben; Raum, eure Wünsche zu manifestieren; Raum, euch und andere zu heilen; Raum, eure Seelenverbindung zu stärken.

Eure Gefühle, der emotionale Fluss auf der Erde, ist der Weg zu höherer Wahrheit.

Ich habe früher schon viel über den ätherischen Körper gesagt. Es ist euer Vitalkörper, der den physischen Körper über die Chakras und die entsprechenden Drüsen mit Energie versorgt und also am Leben erhält. Durch den freien Fluss der emotionalen Energie, dem freien emotionalen Ausdruck, wird die Schwingung des Ätherkörpers erhöht und verfeinert, sodass der Körper immer mehr Licht empfangen kann. Seid euch bewusst, dass ihr jedes Mal euren Fluss unterdrückt, ihr euch verbietet, Licht zu empfangen, wenn ihr euren Ausdruck zurückhaltet. Es ist nicht nötig, ständig zu meditieren, um euren Körper mehr Licht integrieren zu lassen. Es ist euer Ausdruck, der für Licht sorgt. Damit ist natürlich nicht nur der emotionale Ausdruck gemeint, sondern der Ausdruck all dessen, was ihr seid: eure Kreativität, eure Gedanken, eure Wünsche usw..

Es geht jedoch nicht darum, euch lauthals mit allen Mitteln Gehör zu verschaffen, egal wie sehr ihr euer Gegenüber verletzt, weil ihr nicht mit ihm verbunden seid. Euer Ausdruck kann ebenso still und für euch geschehen, immer aber in einem Zustand des Verbundenseins mit eurem Gegenüber. Seid ihr wirklich verbunden, dann ist Toleranz nicht mehr nötig. Toleranz ist ein moralischer Begriff, der euch daran erinnern soll, dass alle Menschen auf der ganzen Erde überall das Gleiche empfinden. Seid ihr mit allen Menschen verbunden, oder zumindest mit denjenigen, mit denen ihr im jeweiligen Augenblick zusammen seid, dann braucht euch kein moralischer Begriff an irgendetwas zu erinnern, denn ihr spürt es in jedem Moment.

Alle Körper sind dabei, ihre Zellstruktur zu verändern und mehr Licht bzw. höhere Frequenzen in ihr Zellsystem zu integrieren. Dieser Prozess wird noch eine Weile andauern, obwohl es immer an euch liegt, wie schnell ihr die Dinge, die euer Verstand - wenn auch nur ansatzweise - akzeptiert hat, umsetzt und manifestiert. Es gibt keine zeitliche Begrenzung, außer der, die in eurem Verstand existiert. Diese ist, wie ihr alle wisst, sehr machtvoll.

Doch versteht, ihr seid diejenigen, die immer wieder die Muster des Mentalkörpers über den Verstand füttern.

Die emotionalen Energien, die überall ungehindert existieren, wie Prana, kosmische Energie, Töne und Klänge zeigen euch den Weg, mit eurem ganzen Sein in Vibration zu geraten.

Alles ist Vibration. Es gibt nichts, was vollkommen in der Regungslosigkeit verharrt. Vibration bedeutet Kreativität, bedeutet

Leben und Manifestation. Wenn ihr euch mit aller Kraft gegen die Vibration in euch wehrt, kann das Leben nicht in euch pulsieren, könnt ihr nicht in eure Kreativität, nicht in die Manifestation gehen, denn euch fehlt die Voraussetzung, das Grundelement.

Es wäre so, als wolltet ihr ein Haus bauen, ohne die dafür nötigen Materialien zu besitzen.

Heilung ist daher nicht etwas, was ihr eine Stunde am Tag oder einmal die Woche vollzieht, sondern es ist der ständige Prozess eures emotionalen Flusses 24 Stunden am Tag.

Natürlich ist euch nur sehr selten bewusst, dass ihr im Heilungsprozess seid, wenn ihr euch den emotionalen Energien hingebt.

Es ist nicht wichtig zu wissen, welches Thema ihr wann oder wie lösen könntet, auch wenn euch der Verstand das immer wieder glauben machen will.

Damit darf Heilen also nicht manchen Menschen vorbehalten werden. Natürlich gibt es Menschen, die andere in großartiger Weise unterstützen können, dennoch ist es niemals das exklusive Vorrecht einer Person. Insofern gibt es auch nicht nur eine Technik zur Heilung, die einer anderen überlegen ist. Heilung kann durch jede Technik gleichermaßen hervorgerufen werden, wenn der Heilungssuchende die von ihm gewählte Technik mit der Überzeugung anwendet, sie bringe ihm Heilung. (Es versteht sich von selbst, dass es sich um Heiltechniken handeln muss.) Ein Mensch, der nicht wirklich an der Heilung seiner Mitmenschen interessiert ist, wird niemals eine Technik entwickeln, die zufriedenstellende Heilerfolge erzielt.

Versteht ihr, was ich meine?

Ihr werdet bald erkennen, dass die unterschiedlichen Vorgehensweisen der verschiedenen Heiler immer zu demselben Ergebnis führen: nämlich erstarrte Themen zu bewegen und in Schwingung zu bringen, damit ihr mehr und mehr eure Körper gleichschaltet.

166

Ein letzter wichtiger Schritt ist, dass ihr zulasst, die Vibration auf den physischen Körper übergehen zu lassen.

Da ihr nicht genau nachvollziehen könnt, wie das geschieht, und da ihr es auch nicht bewusst beeinflussen könnt, sind hier viel Hingabe und die mentale Entscheidung, es zuzulassen, nötig.

Ihr habt alle das Muster, dass, wenn etwas mit eurem Körper geschieht, dies etwas sehr Schmerzvolles ist. Und deswegen übt ihr, was euren physischen Körper angeht, eine sehr starke Kontrolle darüber aus, was ihr zulasst und was nicht.

Am ehesten könnt ihr die Vibration eures physischen Körpers in der Sexualität zulassen und empfangen. Das ist jedoch viel seltener der Fall als ihr glaubt, denn eure Kontrolle reicht so weit, dass ihr zur Zeit auch eure Sexualität stark kontrolliert.

Es ist nichts falsch daran, eure Sexualität zu kontrollieren. Genauso wenig, wie es falsch ist, andere Energien zu kontrollieren. Diese Kontrolle ist das sichtbare Zeichen eurer Muster, die ihr im Laufe eurer Geschichte über viele Leben hinweg aus „gutem" Grund gebildet habt. Wie schon gesagt: ihr bildet nicht einfach ein Muster in euch, weil ihr nichts Besseres zu tun habt, sondern weil euch aufgrund eurer Erfahrung keine andere Schlussfolgerung möglich war als diese, die dann zu dem Muster führten. Heute fühlt ihr die Begrenzung dieser Muster und deshalb wollt ihr sie lösen. Das ist alles. Nichts an euren Mustern ist schlecht, falsch oder gar dumm!

Es gibt neben der Sexualität weitaus mehr Vibrationsarten des Körpers, die sehr angenehm und nicht im mindesten mit Schmerzen verbunden sind.

Aufgrund der Projektion alter schmerzvoller Erfahrungen in das Unbekannte einer neuen Situation seid ihr nicht angstfrei in der Lage, eine neue Situation auf euch zukommen zu lassen. Darüber findet meistens eine Verleugnung statt, und der Körper kann einer neuen Erfahrung wegen der Projektion nur mit Starre gegenübertreten. Versucht es nun einmal anders.

Dazu eine kleine Meditation, die aus zwei Teilen besteht. Nur bei der ersten Meditation benutzt ihr beide Teile, bei jeder weiteren Meditation beendet sie nach dem ersten Teil.

Meditation zur Öffnung der Sinne

Verbindet euch mit der Erde.

Stellt euch vor, ihr seid auf einem großen Feld (freie Fläche) und mit euch sind dort unzählige Menschen.

Von oben betrachtet, sieht es aus wie ein großer flacher Ameisenhaufen. Überall ist kribbelnde Bewegung.

Euer Bewusstsein befindet sich also über dem Geschehen und sieht dem Treiben aus der Vogelperspektive eine Weile zu.

Dann wollt ihr euren Körper fühlen lassen, wie sich so etwas anfühlt. Somit beschließt ihr, euren Körper von vielen kleinen Tieren, sagen wir: Ameisen, bekrabbeln zu lassen. Alle eure Sinne sind weit geöffnet. Ihr könnt sehen, hören, riechen, ja sogar mit den Ameisen reden, wenn ihr wollt. Am weitesten habt ihr die Sinne eurer Haut geöffnet, denn das ist es, was ihr erfahren wollt.

So spürt ihr überall auf der Haut das Kribbeln und Krabbeln. Langsam öffnet ihr euch noch weiter, sodass ihr es auch innerlich spürt. Schließlich wisst ihr, dass eure Zellen dieses Kribbeln und Krabbeln übernommen haben, indem sie ihre Frequenz änderten.

Ihr genießt es, ganz offen zu sein für diese Erfahrung, und kehrt nach einer Weile wieder zurück auf das Feld mit den vielen Menschen.

Immer noch seid ihr ganz offen und spürt deutlich die verschiedenen Energiearten und das Potential dieser verschiedenen Energien. (Ende des ersten Teils)

Langsam meldet sich euer Verstand wieder, der jetzt nicht mehr die Perspektive von oben hat. Er ist zur Zeit sehr begrenzt und seine erste Reaktion auf die verschiedenen Energien ist, sein Bewertungsprogramm zu starten und damit den Körper mehr und mehr für die Energien zu verschließen. Vielleicht mit dem Satz - ihr erinnert euch an die Sticker – „Ich weiß nicht, was hier gerade geschieht." Mit solchen oder ähnlichen Sätzen verhindert ihr also, dass eine Vibration auf den Körper übertragen werden kann.

„So viele Menschen auf einem Raum sind bedrohlich", weiß euer Verstand, denn natürlich habt ihr alle jede Menge Muster, was Gruppen anbelangt.

Langsam verschließt sich also euer Körper mit all seinen Sinnen und ist somit von dem lebenbringenden Prozess, von allem Lebendigen getrennt und fällt immer mehr in die Starre.

(Ende Teil 2)

Der Prozess der Erstarrung hat auf der Erde sehr lange angedauert, und es wird Zeit, dass ihr wieder lernt, eure Körper mit Leben zu füllen. Dafür seid ihr inkarniert: um zu leben und Leben zu bringen, das heißt: eure Ideen in physische Form zu bringen.

Es ist nicht Ziel eurer Verkörperung, den Körper so schnell wie möglich wieder los zu werden, auch wenn einige von euch das sehr gerne glauben wollen.

Alle, die ihr hier seid, seid dies, weil ihr euch selbst von einer höheren Perspektive aus dazu entschieden habt. Nun geht es darum, den physischen Körper zu nutzen, nicht, ihn zu verdammen.

Der erste Schritt, den ihr dafür tun müsst, ist, dem Körper zu erlauben, so zu vibrieren, wie es seinem Fluss entspricht, auch wenn ihr am Anfang nicht wisst, was geschehen wird oder wie es sich anfühlen wird.

Zur Zeit erfährt euer physischer Körper sehr viel Leid und Schmerz, weil ihr ihn vor jeder Vibration bewahrt; ihr habt nicht verstanden, dass Vibration und Pulsation Leben bedeutet. Macht nicht länger die Ursache eurer Schmerzen zur Folge davon! Euer Körper ist nicht starr und oft leblos, weil ihr Schmerz empfindet. Sondern ihr empfindet Schmerz, weil ihr euch vom Leben abtrennt und in die Starre geht.

Wie oft am Tag verlasst ihr den Körper aus (Verstandes-) Gewohnheit, wenn ihr mit Neuem konfrontiert seid?

Es ist an der Zeit, einige Gewohnheiten abzulegen!

Sicherlich könnt ihr diese Gewohnheiten nicht ablegen wie ein altes Kleidungsstück. Ihr müsst bewusst an euren Mustern arbeiten, allein und mit Hilfe anderer. Das ist euer Wachstumsprozess, der euer Leben lang anhält.

Natürlich hat die Vibration eures physischen Körpers eine Wirkung auf all eure anderen Körper, so wie jeder Körper auf alle anderen einwirkt. Wenn der physische Körper stärker vibriert, erweitert der ätherische Körper seine Ausdehnung und zieht mehr kosmische Energie heran, um sie über das Chakra-System weiter auf den physischen Körper zu übertragen, wodurch wiederum eine stärkere Vibration entsteht.

Die Körperzellen verändern damit langsam ihre Struktur und mehr Licht wird integriert.

Licht ist nicht ganz korrekt, denn ihr integriert nicht Licht, sondern höhere Frequenzen. Die Folge für eure Körper ist, dass sie sichtbar lichter werden. Das ist das Licht was so viele Menschen damals um Jesus herum sehen konnten. Mit einer höheren Frequenz werdet ihr so wie ihr seid tatsächlich heller. Es gibt also keinen Lichtkörper, den ihr mühsam ausbauen müsst! Alles ist bereits vollkommen vorhanden.

Dies ist der Weg zu lichtvolleren Körpern.

Ebenso wird der Emotionalkörper mit mehr Licht versorgt und die analogen Strukturen werden in ihrer Schwingung bestärkt und unterstützt.

Damit verändert der Emotionalkörper seine Empfänglichkeit gegenüber bestimmten Schwingungen, sodass mehr und mehr Rezeptoren für niedrigere Schwingungen verschwinden.

Es ist wichtig, dass ihr versteht, dass der Ausgangspunkt in eurer Mentalstruktur liegt, und dass ihr eure Verleugnungen, Beurteilungen und alte Verstandesgewohnheiten aufgeben müsst, um euch dem Fluss hinzugeben und zu lichtvolleren Wesen zu werden.

Wenn wir an die physische Heilung denken, geraten wir schnell zu der Ansicht, dass der physische Körper schuld an vielen von unseren emotionalen Problemen hat. Ihr beschuldigt ihn für viele eurer Missgeschicke und Unglücksfälle im Leben, und ihr macht ihn für all jenes verantwortlich, wofür ihr keinen anderen Verantwortlichen finden könnt. Das ist ein sehr unbewusstes Muster in euch, was nur manchmal offen zu Tage tritt, z. B. wenn ihr stolpert und hinfallt. Die erste Reaktion eures Verstandes ist: „Mach doch die Augen auf! Hättest du richtig hingesehen, wäre das nicht passiert."

Alle kennen die offenen Beschuldigungen für das angeblich mangelhafte Funktionieren des Körpers nur zu gut. Diese offenen Beschuldigungen sind Verurteilungen von außen, z.B. von einer Person, die in eurer Kindheit oder in vergangenen Leben Macht über euch hatte und euch erziehen oder beeinflussen wollte. Die Sätze von außen sind dann zu Sätzen von innen geworden, die heute u.a. euer Bewertungssystem ausmachen. Oftmals hört ihr derartige Sätze allerdings auch heute noch von anderen Personen. Und da alles, was euch begegnet, Ausdruck von euch selbst ist, könnt ihr sicher sein, dass diese Sätze ein direkter Ausdruck dessen ist, was in eurem Verstand vor sich geht. Ihr könnt also von der Reaktion eurer Umwelt viel über euch selbst erfahren, auch wenn das nicht immer so einfach ist. Denn oft sind die Äußerungen von außen nicht identisch mit denen eures Glaubenssystems, sodass es zu viel Verwirrung darüber kommt, was ihr aus der Situation erfahren könnt.

Noch schwieriger ist es mit den Äußerungen des Verstandes, die ganz unbewusst geschehen und nicht den direkten Ausdruck im Umfeld einer Person besitzen.

Ich möchte noch einmal klarstellen, dass der Körper nichts von sich aus tut, weil es zufällig geschehen soll, oder gar aus Rache, was viele von euch annehmen.
Der Körper zeigt in manifester Form das, was eure Muster im Mentalkörper sind. Der Körper drückt eurer Glaubenssystem aus.

Wenn ihr also ausrutscht und hinfallt, geschieht das nicht, weil eure Augen unfähig waren, die Situation einzuschätzen, sondern weil ihr aus einem Muster heraus keine andere Wahl habt, als die, hinzufallen.
Anstatt nun dem Körper dafür die Schuld zu geben, ist es wichtig, herauszufinden, welches Muster aktiv war, und dieses Muster zu lösen,

um in der nächsten Situation dieser Art eine Wahl zu haben, bzw. den Sturz zu verhindern.

Gebt ihr dem Körper die Schuld für den Sturz, so öffnet ihr euch damit für bestimmte emotionale Energien, die unter dem Thema „Opfer" zusammengefasst werden können. Das heißt jedes Mal, wenn ihr euch als Opfer eures Körpers fühlt, lasst ihr verschiedene Emotionen in euch schwingen: Wut, Trauer, Hoffnungslosigkeit etc.. Euer Verstand folgert dann daraus, dass ihr aufgrund eurer emotionalen Labilität hingefallen seid, und zieht die Schlussfolgerung, dass Emotionen nur Unglück bringen.

Damit seid ihr dann einen Schritt weiter gegangen. Ihr macht jetzt nicht mehr den Körper für eure Emotionen verantwortlich, sondern eure Emotionen für das Nichtfunktionieren des Körpers.

Schon seid ihr in einen Kreislauf geraten, der es euch ermöglicht, immer einen Schuldigen zu finden. Das heißt: der Verstand will euch glauben machen, dass entweder der Körper oder die Emotionen die Verantwortlichen sind, nur nicht die Muster, die in allen Körpern bestehen.

Somit erkennt ihr nicht, dass ihr ein unbewusstes Glaubensmuster manifestiert habt, um mehr über euch zu erfahren, damit ihr euch ausdehnen könnt.

Die angemessene Umgehensart wäre also, zu fragen, was der Grund ist, dass ihr in genau diese Situation gestolpert seid.

Eine andere Art des Umgehens wäre, dass ihr, egal, warum euch dies geschehen ist, einfach erlaubt, die emotionale Energie, die in euch zu vibrieren beginnt, zuzulassen und damit ein wenig Heilung in euch hervorzurufen.

Wenn ihr abwechselnd euren physischen Körper und euren Emotionalkörper für die meisten Ereignisse in eurem Leben beschuldigt, hat dies natürlich bestimmte Auswirkungen.

Ihr werdet immer weniger Liebe für euren Körper empfinden und damit für die Erde. Dadurch verliert ihr immer mehr eure Erdung, denn im Grunde genommen ist euer physischer Körper so etwas wie eine kleine Erde.

Damit nun setzt ihr wieder einen Kreislauf in Gang, nämlich: je weniger ihr geerdet seid, desto weniger könnt ihr eure Wünsche manifestieren und kreativ sein. Je weniger ihr dann aber manifestiert, desto mehr beschuldigt ihr wieder euren Körper oder eure Emotionen oder euer Leben etc.. Das hat zur Folge, dass ihr noch weniger mit dem Körper und der Erde verbunden seid, was es wieder schwieriger macht, zu manifestieren.

Der Körper, der für vieles beschuldigt wird und zu dem ihr oft die Verbindung unterbrecht, wird natürlich weniger mit Energie versorgt. Das heißt, durch den Ätherkörper gelangt via Chakra- und Drüsensystem weniger Lebensenergie in den Körper, denn das ist ja genau das, was ihr wollt, wenn ihr die Verbindung mit dem Körper ablehnt und ihn beschuldigt. Natürlich wird der Körper mit weniger Energie auch immer weniger leisten können, solange, bis ihr tatsächlich physische Krankheiten manifestiert, wofür ihr dann wiederum den Körper verantwortlich macht.

Seht ihr, wie ihr euch in immer größeren Spiralbögen von eurem Körper entfernt?

Auch auf den Emotionalkörper haben die Beschuldigungen und Verurteilungen Auswirkungen.

Ihr verlernt es immer mehr, euch dem emotionalen Energiefluss hinzugeben, weil ihr ja glaubt, dadurch entstünden eure Probleme. Ihr unterdrückt also die natürliche Bewegung, die natürliche Schwingung des Emotionalkörpers. Wenn dies lange genug der Fall ist, kommt es zu Erstarrungen im Emotionalkörper. Erstarrung ist nun aber vollkommen gegensätzlich zu dem, was er natürlicherweise tut, was ihn ausmacht, was seine Natur ist. Um also diese Erstarrung überhaupt zustande zu bringen, wird sehr viel Energie des Emotionalkörpers benötigt.

Stellt euch eine Pflanze vor, die, wenn ihr sie nicht mit genug Wasser versorgt, langsam vertrocknet, dabei sehr starr wird und schließlich abbricht oder zerfällt.

Da, wo vorher eine Pflanze war, ist nun nichts mehr. Doch der leere Blumentopf erinnert daran, dass da einmal etwas geblüht hat.

So ähnlich ist im Emotionalkörper eine kleine Region abgestorben, die wegen all der Beschuldigungen nicht mehr schwingen durfte. Es bleibt jedoch eine leere Stelle zurück, die natürlich wieder beginnen kann, zu schwingen, wenn ihr die Beschuldigungen unterlasst; ebenso wie auf einem trockenen Stück Erde jederzeit wieder etwas wachsen kann, sobald die Stelle mit Wasser versorgt wird.

Natürlich hat solch eine erstarrte Stelle im Emotionalkörper auch wieder Auswirkungen auf den physischen Körper. Die erstarrte Stelle wird nicht mit Energie versorgt, damit zieht sich auch der Ätherkörper an dieser Stelle zurück (denn es darf keine Schwingung geben.) Dadurch kann es nun zu einer energetischen Abkapselung im physischen Körper kommen, an deren Stelle dann mit der Zeit manifeste Krankheiten entstehen. Dies sind sozusagen Unterdrückungskrankheiten, auch Autoaggressionskrankheiten genannt.

Ihr müsst verstehen, dass es ein äußerst aggressiver Akt ist, sich gegen den emotionalen Fluss zu stellen. Dysfunktionen, nekrotische Veränderungen, aber auch Geschwüre können vor allem auf diese Weise entstehen.

Der erste Schritt heraus aus diesem Kreislauf ist der, dass ihr erkennt, dass eure Wertungen und Verurteilungen das Schwingen des Emotionalkörpers verhindern.

Tragt dafür die volle Verantwortung und gestattet, dass euch die emotionalen Energien wieder in Schwingung versetzen. Es ist wichtig, dass ihr nicht sofort aufgebt, wenn es nicht beim erstenmal so funktioniert, wie ihr euch es vorstellt bzw. erhofft. Oft wollt ihr euer Ziel erreichen, ohne bereit zu sein, den Weg zu gehen, der dafür nötig ist.

Der Weg, die emotionalen Energien in euch schwingen zu lassen, hat nun einmal etwas mit Fühlen und Gefühlen zu tun!
Auch wenn ihr dies soweit verstanden habt, wie man es intellektuell verstehen kann, so habt ihr diesen Umstand noch nicht integriert und hofft immer wieder, dass ihr „da durchkommt", ohne euch mit den Gefühlen abgeben zu müssen.
Nehmt euch Zeit, um das in euch wirken zu lassen, und übernehmt auch für dieses Muster die Verantwortung, ohne wieder irgendjemanden oder irgendetwas zu beschuldigen.

Oft, wenn ihr ein derartiges Muster von euch berührt, beginnt ihr sofort, alle eure Strukturen zu beschuldigen und ihr öffnet euch damit allen emotionalen Energien, die unter der Überschrift „Opfer" geführt werden, egal, welche dies bei jedem einzelnen sein mögen. Damit seid ihr nicht in dem momentanen emotionalen Fluss, sondern ihr kreiert durch den Verstand Gefühle in euch, die letztendlich zu einer Bestätigung eures Musters führen, anstatt euch daraus emporzuheben. Damit habt ihr euch nicht mehr der emotionalen Energie geöffnet, wie ihr das normalerweise tun würdet, obwohl es den Anschein hat, da ihr euer „Opfergefühl" laut zur Schau stellt.

Ich will damit keinesfalls ausdrücken, dass es falsch ist, sich als Opfer zu fühlen. Noch gehören diese Gefühle zu eurem Fluss und ihr solltet euch ihnen hingeben, wie ihr euch allen Emotionen hingebt, solange ihr diese Gefühle nicht mit Hilfe eures Verstandes immer wieder hervorruft.
Es gibt einen Unterschied zwischen dem Fühlen, wenn ihr wirklich in einer Opferposition seid, und dem Hervorrufen einer Schwingung in euch, weil euer Verstand euch glauben lässt, ihr wäret ein Opfer.

Es geht nicht darum, irgendein Gefühl zu bewerten oder zu unterdrücken, auch nicht das, was mit „Opfer-Sein" zu tun hat. Viele von euch glauben, wenn sie die Verantwortung für ihre Gefühle übernehmen, bedeute dies, dass sie nicht mehr die Gefühle „haben" dürfen, die mit dem „Opfer-Sein" zu tun haben, weil sich dies gegenseitig ausschließe.

Der Prozess, den ihr durchlauft, ist der, nach und nach mehr Verantwortung zu übernehmen. Das heißt nicht, dass ihr jetzt jedes Mal, wenn ihr euch als Opfer von irgendetwas oder irgendjemandem fühlt, diese Gefühle unterdrücken müsst. Je mehr sich eure Schwingung erhöht, desto weniger wird es vorkommen, dass ihr in der Lage seid, euch als Opfer zu fühlen, weil die Anzahl der Rezeptoren dafür immer geringer wird. Solange ihr jedoch dieses Gefühl habt, solange ist es wichtig, dass ihr es zulasst, wie jedes andere Gefühl auch. Wenn euch mit der Zeit immer bewusster wird, wann ihr euch als Opfer fühlt, dann wird sich sehr vieles in euch verändern, ohne dass ihr dafür kämpfen müsst.

Viele von euch werden sich auf dem Weg der Heilung noch sehr oft als Opfer fühlen, und daran ist nichts falsch. Ganz im Gegenteil: der Weg der Heilung führt ja über das Fühlen der Situationen, in denen ihr tatsächlich Opfer gewesen seid. Denn so ist es möglich, die Muster, die daraus entstanden sind, zu lösen.

Genauso werdet ihr fühlen, wie es ist, Täter zu sein, denn auch diese Muster müssen gelöst werden. Da die Bewertungen - von all denen, die sich auf den Weg des Wachstums begeben haben - über die Täterstrukturen viel größer sind als über die Opferstrukturen, verharren viele in einem Dasein, in dem sie sich immer wieder als Opfer fühlen. Aufgrund des polaren Denkens glaubt ihr, keine andere Wahl zu haben, als entweder Täter oder Opfer zu sein. Und da ihr niemandem etwas antun wollt, seid ihr gezwungen, in einem Opferleben zu bleiben.

Ihr verwechselt dabei nur zu oft einen Wutausbruch mit Täterstrukturen. Euer Verstand lässt euch glauben: „Wenn ich wütend bin, könnte ich jemanden ermorden." Eure Schlussfolgerung daraus ist, nicht in Wut zu gehen. Ihr müsst verstehen, dass auch dies ein Muster aus vergangenen Zeiten ist. Natürlich habt ihr alle in irgendwelchen Vorleben aus Wut getötet. Das heißt aber nicht, dass ihr heute Täter seid, nur weil ihr die Schwingung von Wut zulasst.

In diesem Punkt ist noch viel Klärungsarbeit nötig, bis ihr nicht mehr in der Polarität von Opfer und Täter gefangen seid.

Es gibt durchaus noch etwas Anderes.

Häufig ist es für euch wesentlich leichter, euch einer guten bekannten emotionalen Energie zu öffnen, als einer, die zwar gerade in eurem Fluss läge, die aber nicht so vertraut ist.

Ein cholerischer Manager ist wahrscheinlich nicht immer glücklich über seine Wut; er öffnet sich ihr aber weitaus lieber als der Trauer oder sogar der Freude.

So kommt es sehr oft vor, dass, wenn ihr mit einer emotionalen Energie in Berührung kommt - in diesem Falle könnte man auch sagen: konfrontiert werdet, denn es ist für euch tatsächlich eine Front, ein Gegner, ihr diese Energie gepresst durch eine andere „Tür" ausdrückt als es ihr entspricht.

Angenommen, der cholerische Manager wird von tiefer Trauer berührt, dann leuchten sofort sehr viele Sticker in seinem Mentalkörper auf, die die Trauer so kategorisieren, dass er Angst bekommt. Damit öffnet er sich also künstlich der Angst, um die Trauer nicht zu fühlen und nicht ausdrücken zu müssen. Die emotionale Frequenz ist jedoch sehr stark und lässt sich diesmal nicht ohne weiteres unterdrücken, und so wird er sich mit „Gewalt" einer anderen emotionalen Energie öffnen: nämlich der der Wut. Dadurch, dass er die Wut kennt, hat er eine gewisse Kontrolle über die Situation, insofern, als er genau den Ablauf voraussagen kann, was nicht der Fall wäre, wenn er sich einer unbekannten Energie öffnen würde.

Hierbei kommt es nun sozusagen zu einer Überlagerung der Frequenzen, wobei die Frequenz der Wut die der Trauer überlagert.

So kann die Trauer-Energie, die den Fluss des Managers bedeutet, zwar nicht ausgedrückt werden, aber er wird die erhöhte Energie, die er deutlich spürt, durch den Ausdruck der Wut entladen können.

Der Manager unterdrückt durch seine Bewertung die Schwingung der Anteile in Trauer in sich. Mit Hilfe seines Mentalkörpers bringt er Anteile, die in Wut schwingen, in sehr starke Vibration und drückt diese dann aus. Dieser Überlagerungsmechanismus geschieht meist komplett unbewusst und wird sehr häufig von euch angewendet, damit ihr euch nicht mit dem Ungewohnten, Unbekannten auseinander setzen müsst.

Das Sich-Öffnen für emotionale Energien

Jetzt möchte ich noch einmal klarstellen, was es heißt, sich einer emotionalen Energie zu öffnen.

Ihr seid von Göttlicher Energie - von Gott - umgeben, denn alles, was ist, ist Gott und verhindert durch eure Muster das Erfahren, nicht von dieser Energie getrennt zu sein. Sie existiert also genauso in eurem Inneren, wie im Außen. Da ihr euch nur für einige Frequenzen - nicht für alle - öffnet, könnt ihr diese Göttliche Energie nicht wahrnehmen, sondern empfindet unterschiedliche Gefühlszustände.

Wie gesagt, kann der Verstand euch sehr schnell für emotionale Energien öffnen, auch wenn sie nicht eurem derzeitigen Fluss entsprechen.

Wie könnt ihr nun erkennen, ob ihr euch einer emotionalen Energie öffnet und hingebt, die euch in eurem Fluss unterstützt, oder ob euch der Verstand öffnet und euch von eurem Fluss abtrennt?

Lasst uns zunächst eine kleine Geschichte visualisieren:

Ihr geht eine Straße entlang, pfeift ein Lied und fühlt euch einfach wunderbar. Das Wetter ist herrlich, die Luft ist klar und euer Frühstück war hervorragend.

Ganz plötzlich hört ihr das Heulen einer Sirene, und ihr werdet aus eurer Stimmung herausgerissen.

Sofort fühlt ihr euch gestört von diesem Geräusch, werdet sauer auf die Großstadt mit all den kranken Menschen darin. Dann werdet ihr traurig, denn ihr habt ein sehr starkes Mitgefühl. Ihr spürt Anteilnahme mit den vielen Einzelschicksalen, die euch jetzt in den Sinn kommen.

Dann, nach einer Weile der traurigen Stimmung, fühlt ihr wieder eure Stärke, euren Frohsinn, eure Lebendigkeit und euren Mut. Und ihr setzt pfeifend euren Weg fort.

Am nächsten Tag steht ihr wieder voll in eurer Lebensfreude. Ihr beginnt einen wundervollen Tag und wieder geht ihr guter Dinge auf die Straße.

Während ihr lauft, kommt ihr an Geschäften vorbei und plötzlich steht ihr vor einem Bestattungsinstitut.

Euch fällt ein, dass eure Tante sehr krank ist und bald sterben wird.

Jetzt nehmt ihr diesen Gedanken als Grundlage, euch viele Gedanken über den Tod und euer weiteres Leben zu machen. Schließlich geht ihr nach Hause, wo ihr euch auf einen Stuhl setzt und lange, lange nachdenkt. Und je mehr ihr nachdenkt, desto mehr Angst bekommt ihr in Bezug auf den weiteren Verlauf der Welt im allgemeinen, in Bezug auf die Umweltverschmutzung, der kritischen Wirtschaftslage usw. usf.. Erst ein Telefonanruf einer Freundin holt euch aus euren Gedankensaltos heraus.

Doch mit ihrer freudigen Stimmung könnt ihr momentan nicht viel anfangen; ja ihr seid von ihr sogar genervt, wie sie angesichts einer so verdrießlichen Lage in derart guter Laune sein kann. Natürlich geht ihr nicht auf ihr Angebot ein, sie bei einem Spaziergang zu begleiten.

Trotz allem wisst ihr nicht so recht, wo eure ganze Kraft vom Morgen geblieben ist, und dies macht euch noch hoffnungsloser und bestätigt euch in all euren düsteren Gedanken.

Erkennt ihr den Unterschied beider Erlebnisse?

Im ersten Fall hat ein Ereignis, nämlich die Feuerwehrsirene, euch an etwas erinnert und ihr habt euch einfach dem Gefühl hingegeben. Ihr habt es sozusagen durch euch hindurch fließen lassen, voll und ganz, bis es wieder verschwunden bzw. abgeklungen war. Ihr habt das Gefühl nicht dadurch in euch künstlich aufrecht erhalten, dass ihr immer wieder neue Gedanken produziertet, die euch in der Trauer festgehalten hätten.

Ihr habt einfach das Gefühl der momentanen Situation zugelassen.

Im zweiten Fall war es anders. Hier habt ihr einen Gedanken, nämlich „meine Tante ist krank" als Ausgangspunkt genommen, um

1. das Gefühl der Trauer um eure Tante nicht zu spüren und um

2. immer mehr ein Gefühl der Hoffnungslosigkeit in euch hervorzurufen, welches den ganzen Tag oder evtl. auch länger anhielt. Natürlich habt ihr das nicht bewusst getan, aber die Wirkung ist deshalb nicht geringer. Durch das ständig wiederholte Denken gleicher oder ähnlicher Gedanken entstehen Gedankenzirkel, die euch in einer bestimmten emotionalen Energie gefangen halten. In unserem obigen Beispiel war es Angst und Resignation.

So ein Gedankenzirkel könnte zum Beispiel sein:

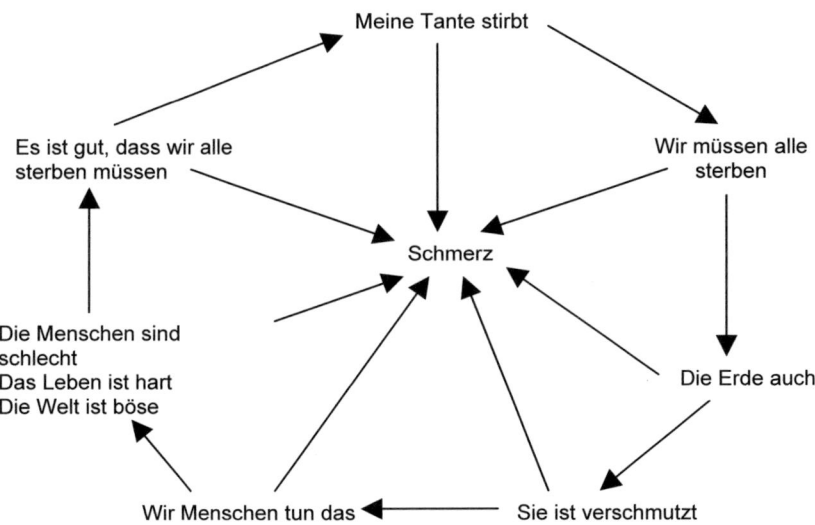

Jeder dieser einzelnen Gedanken löst Schmerz aus, das heißt: euer Emotionalkörper wird für die Frequenz der Trauer geöffnet. Damit produziert ihr endlos dieses Gefühl in euch. Die einzige Möglichkeit, dies zu beenden, ist, aus diesem Gedankenzirkel heraus zu kommen.

Ihr alle kennt derartige Situationen, wenn sie auch oft nicht so eindeutig sind wie in unserem Beispiel und daher viel schwieriger zu erkennen.

Gerade, wenn ihr in einem „Gedankenzirkel" seid, ist es für Außenstehende immer sehr schwierig, euch aus diesem Zirkel herauszuholen. Das liegt einzig und allein daran, dass ihr entschieden habt, euch in diesen Gedankenzirkel hineinzubegeben.

Auch wenn dies eine unbewusste Entscheidung ist, so ist es eine Entscheidung, die ihr selber wieder rückgängig machen müsst und könnt. In unserer zweiten Geschichte habt ihr euch dazu entschieden, in dem Gedankenzirkel stecken zu bleiben und damit hatte die Freundin keine Chance, mit euch spazieren zu gehen.

Versteht ihr was ich meine?

Ihr trefft unzählige Male am Tag derartige Entscheidungen und es ist wichtig, dass ihr dies versteht, denn nur so könnt ihr eure Entscheidungen erkennen, Verantwortung dafür übernehmen und gegebenenfalls neue Entscheidungen treffen.

Ihr könnt jeden Gedankenzirkel, auch wenn ihr ihn mental nicht erfassen könnt, jederzeit mit

„STOP" unterbrechen. Wendet diesen einfachen Trick an!

Wenn ihr euch einer emotionalen Energie öffnet, die in eurem Fluss ist, geschieht dies oft, ohne dass ihr lange darüber nachdenkt. Vor allem produziert ihr dann keine Gedanken, die euch in eurem Gefühl gefangen halten.

Ihr beginnt also ganz einfach zu schwingen. Und wenn ihr lange genug in dieser Energie geschwungen habt - sodass entweder ein

Gleichschwung erreicht wurde oder sogar eine Umstrukturierung in eurem Emotional- und/oder Mentalkörper, was sich natürlich auch auf den physischen Körper auswirkt -, dann kann die Schwingung in euch sehr leicht wieder eine andere werden, nämlich wie im 1. Beispiel. Da verspürtet ihr nach einer kurzen Trauer wieder Frohsinn und Lebendigkeit.

Ihr könnt euch zunächst einmal darauf konzentrieren, wann ihr Emotionen mit Hilfe eurer Gedanken künstlich aufrecht erhaltet, so wie heute oft ein sterbender Mensch künstlich am Leben erhalten wird. Wenn ihr dies erkennt, werdet ihr es sehr schnell verhindern können, indem ihr sofort diesen auslösenden Gedankengang stoppt. Das ist sehr viel einfacher, als ihr vielleicht momentan vermutet.
Nach und nach werdet ihr „Bauchgefühle" von „Kopfgefühlen" zu unterscheiden lernen.

Wenn ihr euch den emotionalen Energien hingebt, werden sie schnell in euch schwingen und ebenso schnell wieder ihre Schwingungen verändern. So wie euch Wellen im Meer ergreifen und euch in ständiger, aber unterschiedlicher Bewegung halten.
Je stärker ihr gegen eine Schwingung ankämpft, desto länger wird sie Thema sein. Das gilt für euer Leben im allgemeinen, aber auch für jede kleine Situation. Der Fisch im Wasser benutzt die Strömung, damit sie seine Bewegung unterstützt. Genauso lernt auch ihr mehr und mehr, eure emotionalen Schwingungen zu nutzen, damit sie euch unterstützen.
Der kürzeste und heilsamste Weg ist der Weg der Hingabe, der Öffnung und der Bejahung der Emotionen.
Nicht mehr und nicht weniger.

Da euer Emotionalkörper immer in Schwingung ist, geht es also nicht darum, diese Schwingung zu unterdrücken. Ebenso, wie es nicht ratsam ist, Schwingungen künstlich zu erzeugen.

Euer Weg, gelassen zu werden, mehr Teil zu haben an der All-Liebe führt ausschließlich über das Schwingen in all euren Emotionen.

Das ist der Weg der Weisheit.

Ihr könnt euch nicht allen emotionalen Energien verschließen, nicht die Schwingung in euch unterdrücken und mit all dem Überdruck in euch echte Gelassenheit finden.

Geht den Weg eurer Gefühle und ihr werdet schnell Weisheit erlangen, Verbindung zu euch, zu anderen und zu euren höheren Aspekten spüren und eure Wünsche und manifestieren.

Dadurch, dass ihr lernt, euch allen emotionalen Energien hinzugeben, werdet ihr eure Persönlichkeitsstruktur verändern, und damit wird sich auch die Fähigkeit, oder besser gesagt: die Bereitschaft eurer Zellen, in einer bestimmten emotionalen Energie zu schwingen, erhöhen.

Damit kommt wahre Freude, Glückseligkeit und echte Gelassenheit in euer Leben. Und dies auf ganz natürliche Weise: ohne Unterdrückung, sondern in Sanftheit und in Hingabe.

Dann werden eure einzelnen Körper völlig anders aussehen als jetzt.

Es ist nicht besonders schwierig, den Unterschied zwischen den Gefühlen in eurem Fluss und denen, die in eurem Kopf immer wieder von Neuem ins Rollen gebracht werden, zu erfahren.

Ihr müsst lediglich achtsam mit euch umgehen und euren emotionalen Fluss beobachten.

Auswirkungen des freien emotionalen Flusses auf die Persönlichkeit.

Obwohl ich bereits immer wieder in den einzelnen Kapiteln darauf hingewiesen habe, werden wir uns jetzt ansehen, welche Möglichkeiten ihr habt, wenn ihr euch immer mehr auf die emotionalen Energien einlasst.

Zuerst findet, wie wir bereits besprochen haben, der Energieaustausch zwischen den einzelnen Körpern untereinander und mit der kosmischen Energie statt. Dabei werden die Zellstrukturen aller eurer Körper verändert, sodass die Zellen in einer höheren Frequenz schwingen können. Je höher nun eure einzelnen Körper schwingen, desto weniger ist es dem Verstand möglich, euch für bestimmte emotionale Energien zu öffnen. So werdet ihr immer weniger Angst in euch schwingen lassen, weil erstens die Rezeptoren im Emotionalkörper nur noch in sehr geringer Zahl vorhanden sein werden; und zweitens, weil der Verstand durch die Veränderung, die im Mentalkörper vor sich geht, nicht mehr viele Strukturen findet, die mit dem Aufkleber „Angst" besetzt sind. Daher kann er auch nicht so viele Anteile in Schwingung der Skepsis, des Zweifelns usw. versetzen. (Unmöglich, wenn es diese Zellen gar nicht gibt).

Skepsis und Zweifel sind mit die wichtigsten Strukturen des Mentalkörpers, die den Emotionalkörper veranlassen, in Angst zu schwingen. Je weniger und seltener ihr dann in Angst schwingt, desto größer wird der Ätherkörper, was die oben erklärten Auswirkungen auf die anderen Körper zur Folge hat.

Ich möchte an dieser Stelle noch einmal erwähnen, dass der Verstand nicht ausschließlich „schlecht, überflüssig und verderblich" ist.

Euer Mentalkörper, da er die Fähigkeit besitzt, seine Schwingung auszudehnen, und zwar auch auf Anteile, die scheinbar nichts mit der momentanen Situation zu tun haben, ermöglicht es euch, sehr schnell in eurer Entwicklung voranzuschreiten. Der Verstand folgt dem Mentalkörper, der in einer völlig fremden Situation bestimmte Daten kombinieren kann, die er noch nie zuvor kombiniert hat. Dadurch kann er auf neue Anforderungen relativ schnell mit Vorschlägen, Ideen und Umgehensweisen reagieren. Aus diesem Grund seid ihr nicht darauf angewiesen, euch durch Ausprobieren langsam zu entwickeln. Denn dies würde bedeuten, dass ihr euch bei jeder neuen Situation eine vergleichbare Situation ins Gedächtnis ruft und dann ähnlich wie in der alten Situation reagiert. Dies würde nie einen wirklich neuen Umgang mit einer Situation ermöglichen.

Ich möchte jetzt nicht näher auf das Thema eingehen, sondern wieder auf die emotionalen Energien zu sprechen kommen. Wichtig ist nur, dass ihr den Mentalkörper und euren Verstand nicht verteufelt, sondern beginnt, ihn zu benutzen damit ihr immer mehr sein Potential entdecken und nutzen könnt. Für jede Manifestation sind der Verstand und der Mentalkörper immens wichtig. Der Mentalkörper kann sich mit dem höchsten Bewusstsein in Verbindung setzen und diese Verbindung halten, sodass ihr alle Wunder erschaffen könnt.

Wenn ihr täglich mehr und mehr in euren emotionalen Energien fließen könnt, ohne sofort das Polaritätsprogramm mit all seinen Verurteilungen etc., oder das Kreiselprogramm, welches euch künstlich in der Emotion gefangen hält, zu starten, dann kann die emotionale Energie von euch für alles als Vehikel benutzt werden: z.B., um Verbindungen zu knüpfen.

So wie ihr beim Telefonieren das Telefon und das Telefonnetz benutzt, so könnt ihr, wenn ihr Verbindung zu einem anderen Menschen, zu eurer Seele oder zu höheren Wesen herstellen wollt, diese auf der

Schwingung der emotionalen Energien anrufen. Das heißt: ihr ruft ganz bewusst eine bestimmte emotionale Frequenz in euch hervor und „reitet" dann darauf, diese Schwingung heraussendend, zu derjenigen Person oder demjenigen Wesen, mit dem ihr in Verbindung sein wollt. Dazu möchte ich euch eine kleine Meditation geben.

Meditation der drei Verbindungen

Schließt die Augen und verbindet euch mit der Erde. Ihr steht jetzt an einem wunderbaren Strand, seht den weißen Sand und das blaugrüne Meer. Ihr spürt den nicht zu starken Wind an eurem Körper und die Lust, euch mit dem Wasser zu verbinden. So geht ihr hinein ins Wasser; immer weiter, immer tiefer. Ihr lasst euch umspülen und sanft wiegen.

Dann seht ihr weiter draußen im Wasser eine kleine Insel und ihr wollt unbedingt so schnell wie möglich dorthin. Schwimmen, wisst ihr, ist nicht der richtige Art und Weise. Also geht ihr an Land, holt euch ein Surfbrett und gelangt so sehr schnell, auf dem Wasser reitend, zu der Insel.

Die Insel ist wunderschön, ihr hört die Möwen kreischen und fühlt euch dadurch an eine sehr weit zurückliegende Situation erinnert, als ihr noch ein Kind wart. Ihr legt euch in den Schatten einer Palme, schließt die Augen und gleitet tiefer in die Erinnerung hinab. Ihr seht klar einen euch damals lieben Freund und verspürt den Wunsch, euch mit diesem Freund zu verbinden. So geht ihr noch tiefer in die Erinnerung und in euch beginnen Emotionen zu schwingen; sie bringen euch hierhin und dorthin.

Plötzlich spürt ihr außerhalb von euch, aber auch in eurem Inneren Wellen, und ihr beginnt, einen Teil von euch mit diesen Wellen auszusenden. Es dauert nicht lange und euer Gefühl ändert sich, und langsam bemerkt ihr, dass ihr nicht mehr auf der Suche seid, sondern dass ihr euch irgendwo mit eurem damaligen Freund ganz fest verbunden habt.

Ihr erfahrt etwas von ihm und ihr „erfühlt" ihn.

Nach einer Weile brecht ihr die Verbindung ab und erkennt die Umgebung, in der ihr euch gerade befindet und beendet die Meditation.

In dieser kleinen Übung habt ihr 3 verschiedene Arten der Verbindung berührt und es gibt noch sehr viel mehr. Natürlich ist die Verbindung zu anderen nicht ausschließlich mit Hilfe der emotionalen Energien möglich, aber es ist eine Art der Verbindung, die ihr ziemlich schnell erlernen könnt.

Je höher die emotionale Energie im Emotionalkörper schwingt, desto eher könnt ihr eine Verbindung zur höheren Astralebene herstellen. In dieser höheren Astralebene sind viele große Räume vorhanden, in denen ihr mit euren spirituellen Lehrern und mit eurer Seele in Verbindung steht. Von dort erhaltet ihr viele Informationen und Energien. Man könnte sagen, die Astralebene der Erde ist etwas Ähnliches wie der Emotionalkörper des Menschen.
Je mehr ihr euch emotional öffnet und schwingt, desto größer ist eure Bereitschaft, aus der höheren Astralebene zu empfangen.

Die emotionalen Frequenzen können sehr viel höher sein, als ihr es euch zur Zeit vorstellen könnt.
Die Gefahr, wenn ihr Verbindung mit Hilfe starker emotionaler Energien hervorruft, ist, dass ihr euer Kreiselprogramm im Verstand in Gang setzt und damit in euren Emotionen bleibt, anstatt eine Verbindung aufzubauen.

Die emotionalen Energien sind ebenso ein Nährboden für Pflanzen und Tiere, ja für alle Reiche auf der Erde. Jeder von euch, der Tiere besitzt, weiß, wie wichtig der emotionale Kontakt zu ihnen ist. Viele, die Pflanzen haben, wissen, wie gut ihnen emotionale Verbundenheit tut.
Nur wenige spüren, wie sich Kristalle verändern, wenn man emotionale Schwingung auf sie überträgt. Dies muss nicht immer voll bewusst geschehen. Zur Zeit macht ihr dies sogar meistens unbewusst. Es ist für euch alle eine ganz wunderbare Übung, euren Pflanzen, Tieren und Kristallen bewusst emotionale Energie zu übertragen.

Viele von euch arbeiten mit Reiki oder anderen Energien und berufen sich dabei auf die bedingungslose Liebe, die sie auf andere übertragen. (Da die Menschen jedoch viel zu sehr aus ihren eigenen Mustern heraus agieren, ist zur Zeit kaum einer wirklich mit der bedingungslosen Liebe verbunden.) Dies ist nichts anderes als emotionale Energie. Was viele von euch nicht verstanden haben, ist, dass die Frequenz der z.B. Trauer genauso viel Heilung bringen kann. Dabei ist es immer nötig zu wissen, welche emotionale Energie für welche Person zur Zeit heilsam ist.

Natürlich ist es für alle von euch sehr viel effektiver, mit reiner Liebe zu arbeiten, solange ihr kein Bewusstsein darüber habt, welche Energie die heilsamste im Augenblick ist.

Vergesst nicht, dass Liebe bei der Heilung immer mitschwingt. Sie ist sozusagen das Surfbrett für die anderen Frequenzen.

Heilung kann nie ohne Liebe geschehen.

Wenn also eine emotionale Energie, egal welcher Frequenz, ohne Liebe schwingt, dann seid ihr in eure eigene Geschichte verstrickt, nicht aber wirklich mit dem Menschen verbunden, den ihr heilen wollt.

Obwohl das Schwingen von emotionalen Energien in euch nicht immer Heilung bedeutet, bringt es für euch immer Wachstum mit sich. Erstens, weil bei jeder Begegnung ein Energieaustausch stattfindet und somit Wachstum möglich ist, und zweitens, weil ihr euch bei allem, was euch begegnet, selbst wiederfindet. Oft sind dies unbewusste Anteile von euch und es geht darum, diese zu integrieren.

Jede Begegnung, auch wenn sie von noch so kurzer Dauer ist, beinhaltet das Potential des Wachstums.

Meistens seht ihr jedoch diese Möglichkeit nicht und glaubt ganz im Gegenteil, in jeder Begegnung läge die Absicht, euch klein zu machen und zu unterdrücken. Wenn ihr euch aus diesem Irrglauben befreit, dann werdet ihr erkennen, welch ein Geschenk jede Begegnung beinhaltet.

Auch wenn ihr es nicht immer intellektuell erfassen könnt, so braucht ihr nur bei jeder Begegnung innerlich „Ja" zu sagen, um alles anzunehmen, was euch entgegenkommt.

Manchmal werdet ihr schnell erkennen, um welches Geschenk es sich handelt, und manchmal werdet ihr merken, dass sich nach der Begegnung irgendetwas verändert hat, ohne dass ihr genau sagen könnt, was es ist. Natürlich werdet ihr oft auch überhaupt nichts mitbekommen.

Fangt an, mit Hilfe eurer Mitmenschen größer und voller zu werden. Pflückt euer Wachstum, so wie ihr Kirschen vom Baum pflückt, und nehmt es dankend an und freut euch darüber. Es gibt saure und süße Kirschen, aber ihr könnt alle aufnehmen und verarbeiten, essen und verdauen: sprich integrieren.

Ich möchte jetzt nicht näher auf die Astralebene eingehen. Es reicht für euch, zunächst zu wissen, dass nicht alles, was auf sich auf der Astralebene bewegt, schlecht ist oder sehr niedrig schwingt. Viele Menschen zeigen immer weniger Bereitschaft, sehr niedrig zu schwingen, sodass diese weniger in Gefahr sind, in Kontakt mit der niederen Astralebene zu kommen. Sie sind dann meistens mit höheren Frequenzen der Astralebene verbunden. Dennoch müsst ihr auf diesen Ebenen sehr bewusst werden, damit ihr zu jeder Zeit erspüren könnt, mit welcher Frequenz ihr verbunden seid.

Natürlich hat es eine Wirkung auf den Emotionalkörper, wenn ihr euch immer häufiger auf den höheren Astralebenen bewegt.

Sein Aufbau wird sich derart verändern, dass es für euch immer selbstverständlicher wird, euch auf diesen Ebenen zu bewegen und dort zu lernen. Wenn ich davon spreche, dass sich der Aufbau eurer Körper verändern wird, so dürft ihr nicht unterschätzen, welchen Zeitraum dies benötigt! Das Geschehen ist nicht eine Angelegenheit von ein paar

Wochen. Es geht immer um das bewusste Wahrnehmen von Ebenen, Energien und Frequenzen, damit ihr euch verändert. Es geht nicht darum, sich auf anderen Ebenen „herumzudrücken", um der Welt und eurem Alltag zu entkommen oder sogar, um anderen zu zeigen, wie weit fortgeschritten ihr seid. Das ist kein Zeichen für Fortschritt, sondern für viele ungeklärte Muster unterschiedlichster Art.

Jedes Mal, wenn ihr dem Verstand erlaubt, euch der Angst gegenüber der Astralebene zu öffnen, gebt ihr mehr Anteilen die Möglichkeit, in Angst zu schwingen. Damit werden mehr analoge Anteile im Mentalkörper das „Angstprogramm" aufrecht erhalten.

Ihr seid also nicht einem immerwährenden Aufbau unterworfen, sondern ihr könnt ebenso, wenn ihr nicht achtsam mit euren Gedanken umgeht und bewusst an dem Aufbau eures Mentalkörper mitarbeitet, langsam wieder in alte Angstmuster zurückfallen, auch wenn ihr glaubtet, diese schon längst abgeschlossen zu haben.

Es geht darum, wenn ihr euch der Angst öffnet, diese in euch schwingen zu lassen, um sie dann wieder entlassen zu können.

Wenn ich von entlassen rede, so meine ich den Prozess der Hingabe, der von ganz alleine stattfindet, wenn ihr euch nicht künstlich in der Angst festhaltet. Wie alles auf der Welt, so bewegen sich auch die emotionalen Energien in Wellen, sodass sie nach dem Anschwellen wieder abschwellen.

Bleibt ihr also nicht in einem Angstzirkel stecken, so könnt ihr den nächsten Schritt tun; nämlich das, wovon euch euer Verstand abhalten wollte.

Irgendwann werdet ihr euren Mentalkörper derart verändert haben, dass der Verstand nicht mehr die Möglichkeit hat, euch für Angst zu öffnen, da es keine „Angststicker" mehr geben wird.

Solange ihr jedoch nicht in der Lage seid, die verschiedenen Frequenzen der Astralebene zu unterscheiden, solltet ihr euch zwar nicht angstbesetzt, aber doch behutsam diesen Ebenen nähern.

Es ist wichtig, kontinuierlich weiter an eurem Persönlichkeitsaufbau und damit an der Veränderung der Zellstruktur all eurer Körper zu arbeiten.

Zur Zeit sind sehr viele von euch damit beschäftigt, am Emotionalkörper zu arbeiten, was oft zur Folge hat, dass der Kontakt zum physischen Körper abgebrochen wird. Dadurch schneidet ihr euch von einem eurer wichtigsten „Hilfsmittel" ab. Denn nur in eurer physischen Präsenz könnt ihr alles, was euch begegnet, wirklich als Ausdruck von euch selbst erkennen und es integrieren. Alte Glaubensmuster können nur so völlig gelöst werden.

Seid ihr in eurem physischen Körper nur selten anwesend, werdet ihr eure Mentalstruktur mit all ihren Mustern verstärken.

Wenn z.B. eine emotionale Energie, ausgelöst durch einen anderen Menschen, auf euch trifft und ihr fest im Körper verwurzelt seid, wird der Emotionalkörper beginnen, mit der emotionalen Energie zu schwingen und diese aufnehmen. Es ist Energie auch dann, wenn sie in Gestalt von Trauer oder Wut auf euch zukommt. Der physische und der ätherische Körper unterstützen den Emotionalkörper, indem der ätherische Körper den physischen öffnet, damit dieser die Energie sozusagen absorbieren kann. Bei diesem Vorgang ist der Mentalkörper sehr langsam in seiner Gegensteuerung, weil er nicht versteht, was geschieht.

Wenn euch also jemand anschreit, könnt ihr diese Energie für euch nutzen. Stellt euch vor ihr atmet sie ein oder euer physischer Körper absorbiert sie. In euch ist es keine Wut mehr, sondern Energie, denn die Bewertung, die die Wut ausmacht löst ihr von der Energie ab, ansonsten könntet ihr die Energie ja nicht in euch aufnehmen.

Sehr leicht fällt euch der Integrationsprozess, wenn es sich um Energiearten handelt, die ihr als positiv bewertet habt, also Lob, Trost etc., denn ihr müsst euren Verstand nicht erst in seinen Bewertungen stoppen. Das Ergebnis ist jedoch dasselbe. Es ist nur Energie, ihr macht die Bewertung.

Wie gesagt: Die Aufnahme der Energie kann nur geschehen, wenn ihr fest in euch verwurzelt seid!

Der Verstand versucht, die Energie zu kategorisieren und zu verstehen. Da es sich um emotionale Energie handelt, ist der Verstand ziemlich ratlos.

Während er in diesem ratlosen Zustand ist, können Emotionalkörper und physisch-ätherischer Körper die Energie integrieren.

Seid ihr nun in einer derartigen Situation nicht geerdet, kann der physische Körper die Energie nicht integrieren, weil er ja sozusagen nicht vorhanden ist. Das heißt, große Teile des Emotionalkörpers und auch des ätherischen Körpers befinden sich irgendwo in der Zukunft oder in der Vergangenheit. Damit könnt ihr euch auf die jetzige Situation nicht einlassen.

Der Emotionalkörper kann nur langsam beginnen zu schwingen, denn der abwesende Teil versorgt ihn mit anderer emotionaler Energie als der aus der Situation, in der er sich befindet.

Ihr alle kennt die Situation, wenn ihr gerade mit dem Lesen einer spannenden Fantasy-Geschichte in eine fremde Welt eingetaucht seid und es kommt jemand zu Besuch, um euch eine witzige Geschichte zu erzählen. Teile von euch sind nicht anwesend, weil sie noch in der Fantasy-Geschichte sind. Das heißt, ihr habt eure Erdung im Jetzt noch nicht wiedergefunden und seid damit für den Moment nicht offen. Weder emotional, noch physisch-ätherisch, noch mental.

Der Verstand, tönend auf seinem Instrument, dem Mentalkörper, nimmt nicht auf, was er nicht versteht, und versucht mit dem Starten des

Angstprogramms die anderen Körper davon abzuhalten, die Energie aufzunehmen. Dieses Programm ist um so stärker, je fremder oder unliebsamer die Energien sind, die auf ihn treffen.

Seid ihr nicht im Körper, fällt es dem Verstand leicht, alle Teile, die „Nein" sagen, zu aktivieren und somit, sollte der Emotionalkörper schwingen, diesen sofort erstarren zu lassen.

Seid ihr in der Gegenwart, dann erdet sich der Körper ganz von selbst, denn er ist ja Erde, ist Wurzelchakra-Substanz. Erdung ist die Natur des Körpers, so wie die Energieaufnahme die Natur des Ätherkörpers und das Schwingen die Natur des Emotionalkörpers ist.

Es ist wichtig zu verstehen: wenn ihr euch mehr erden wollt, müsst ihr üben, in der Gegenwart zu sein!

Wir machen dazu eine kleine Übung:

Beginne damit, daran zu denken, was du morgen einkaufen wirst. Sieh dich in dem Laden einkaufen und fasse nun real deine Füße an und massiere sie. Erspüre, wo sie besonders viel Druck, Liebe etc. brauchen. Denke weiterhin an deinen morgigen Einkauf, spüre aber deine Füße.

Spiele eine Weile damit und komme dann gedanklich zurück in die momentane Situation, in der du diese Übung machst. Gib deinen Füßen nun, was sie brauchen.

Dir wird aufgefallen sein, dass es unmöglich ist, die Füße energetisch zu füttern, wenn du gedanklich nicht anwesend bist. Es ist sozusagen für die Füße unmöglich, zu empfangen, wenn sie energetisch beim Einkaufen sind. Ebenso kannst du niemandem Energie geben, wenn du nicht da bist. Überdenkt dies in Bezug auf die Körperarbeit, die ihr mit anderen Menschen macht, egal, ob ihr den Körper dabei berührt oder nicht. Die Heilerfolge der Menschen liegen in ihrer Erdung und damit in der Aufnahme der Energie.

Natürlich kann es bei ungeerdeten Menschen zu einem kurzfristigen Aufpumpen mit Energie kommen, aber diese wird nicht ins System integriert, sondern zum großen Teil wieder an die Umgebung abgegeben.

Die Heilerfolge, die Heiler erreichen, die fest mit der Erde verbunden sind, sind gerade in Bezug auf langfristige Heilung sehr beeindruckend.

Der Körper versteht am besten die Übertragung von Energie durch einen ähnlich gebauten „Träger", also Wurzelchakra-Substanz. Je besser ihr geerdet seid, desto besser versteht der Körper sozusagen die Sprache und kann sehr viel Energie aufnehmen.

Denkt daran, wenn ihr das nächste Mal vor einer emotionalen Energie aus dem Körper fliehen wollt.

Wachstum oder Heilung mit Hilfe des emotionalen Flusses

Das Buch hätte ebenso diesen Titel haben können, denn, wie ihr bemerkt habt, geht es im gesamten Text genau darum. Warum ich einen Abschnitt so benenne, obwohl ihr schon an dieser Stelle des Buches genau wisst, worauf sich das Wachstum und die Heilung beziehen, wird im nächsten Abschnitt deutlich werden.

Das Wort Heilung ist in eurem Sprachgebrauch momentan ein sehr wichtiges Wort. Ich habe es oft im Laufe des Buches benutzt, weil ihr zur Zeit noch kein Wort besitzt, das den Prozess, den ihr meint, adäquat ausdrückt.
Das Wort „heilen" beinhaltet nun allerdings immer seine Polarität; nämlich das Nicht-Heilsein.
Jedes Mal, wenn ihr das Wort „Heilung" oder „heilen" benutzt, stimuliert ihr in eurem Mentalkörper alle Strukturen, die glauben, ihr wäret unheil (krank), nicht ganz (kaputt), nicht vollständig (unvollkommen).

Ihr wart und seid und werdet zu jeder Zeit ganz, heil und vollständig sein!

Der Umstand, der euch das Gegenteil glauben lässt, ist einzig und allein die Tatsache, dass in euch eine Menge Glaubensmuster existieren, die ihr verändern wollt. Diese Glaubensmuster machen euch jedoch nicht unheil.
Solange ihr das Wort „heilen" benutzt, könnt ihr nicht zu dem werden, was ihr wirklich seid, denn ihr ruft jedes Mal aus dem Mentalkörper die Polarität ab, die euch dann wieder den Zustand bestätigt, den ihr verändern, überwinden wollt.
Genauso ist das natürlich mit dem Wort „Heiler".

Solange ein Heiler als Heiler betitelt wird, gehen er und alle anderen davon aus, dass etwas nicht heil, sondern krank ist. Das ist eine denkbar schlechte Voraussetzung, um euer Potential wachsen zu lassen.

Ersetzt das Wort „heilen" durch „wachsen". Wachsen ist ein ewig andauernder Prozess, der niemals abgeschlossen ist. Das Wort „heilen" jedoch beinhaltet immer einen Endpunkt. Da die Idee des Begriffes „wachsen" keiner Begrenzung unterworfen ist, keinen Endpunkt hat, können all eure Gefühle von Schuld, Versagen, Falschsein nicht stimuliert werden.

Ich möchte jetzt über einige Möglichkeiten sprechen, die zeigen, wie ihr euch bestimmter Emotionen bedienen könnt, um in euch und anderen Wachstum (Heilung) hervorzurufen.

Ihr wisst, dass es einen Mechanismus gibt, mit dem ihr euch für die emotionalen Energien öffnen könnt. Zur Zeit ist der einzig von euch benutzte Mechanismus euer Verstand, der sich entweder einer Frequenz öffnet oder nicht. Dies geschieht aufgrund der Bewertungskriterien, die zu der jeweiligen Situation bestehen.

So ist es z.B. in den meisten Völkern nicht gestattet, bei einem Beerdigungsritual zu lachen. Allein dadurch wird die „Tür" zu dieser Frequenz geschlossen gehalten. Das Grundproblem im Umgang mit den verschiedenen Frequenzen ist eure sehr alte Gewohnheit, diese zu kategorisieren, obwohl es ein Paradoxon an sich ist, die emotionalen Energien in ein System pressen zu wollen.

Genauso handelt ihr im Umgang mit den Farben und es fällt euch leicht, da euer Auge viel zu wenig ausgebildet ist, um bestimmte Farben zu sehen oder gar sich auf alle Farben gleichzeitig als Stimulation für Vibrationen einzulassen. Euer Ohr ist weit besser ausgebildet und in der Lage, mehr zu hören als ihr sehen könnt; und doch achtet ihr recht wenig auf das, was ihr hören könntet. Ihr vertraut der Wahrnehmung des Auges mehr als der des Ohres.

Ihr habt eine unglaubliche Menge an verschiedenen Musikarten hervorgebracht und es werden ständig mehr. Die Kombinationen der Klänge und Töne ist unerschöpflich und ihr alle spürt bei den verschiedenen Musikarten, wie ihr euch für bestimmte Frequenzen öffnet und in emotionale Schwingungen geratet.

Das liegt daran, dass ihr mit der Tonfrequenz einer bestimmten Musikrichtung in euch eine analoge Frequenz hervorruft, die euch für die ebenfalls analoge emotionale Energie öffnet.

Zur Zeit wird immer mehr bekannt, welche Wirkung die verschiedenen Musikarten haben, und wie man dies gezielt einsetzen kann. Diese Wirksamkeit entsteht durch das Stimulieren der emotionalen Energieöffnung. Genauso geschieht es übrigens bei der Farbheilung; auch ihre Frequenzen rufen eine analoge Frequenz in euch hervor, was euch wiederum emotional öffnet.

Durch die „Übersetzung" von Farbe oder Ton/Klang auf die Persönlichkeit, kommt es zu leichten Verzerrungen, welche den Wachstumseffekt (Heileffekt) oder die Wirkung vermindern.

Könnt ihr euch einer emotionalen Energie öffnen mit Hilfe eines Menschen, der eine bestimmte Energie in sich hervorruft, dann ist die Wirkung viel größer.

Wenn ein Mensch sich bewusst bestimmter Frequenzen bedient - so wie ein Musiker ein Instrument spielt -, dann hält er gleichzeitig für denjenigen, der sich dieser Frequenz öffnen möchte, den Raum offen und gefüllt, damit es zu keiner anderen als zu der im Moment gewünschten Frequenz kommt.

Ein Beispiel wird es euch klarer machen:

Stellt euch vor, ein Kind sitzt in einem Sandkasten. Es ist intensiv damit beschäftigt, eine Sandburg zu bauen, aber es will ihm nicht so recht gelingen, da immer wieder andere Kinder kommen und es mit Sand bewerfen.

Das Kind ist dann abgelenkt und hat schnell wieder vergessen, wie es vorgehen muss. Es probiert und probiert sehr lange ohne Erfolg.

Nun ist bei einem anderen Kind genau der gleiche Wunsch da: es möchte eine Sandburg bauen. Also ist die Mutter mitgekommen, um dem Kind zu zeigen, was es tun kann, um ans Ziel zu kommen. Die Mutter schafft also etwas, damit das Kind es nachmachen und auch schaffen kann. Da die Mutter nun bei dem Kind ist, kann das Kind nicht nur schneller lernen, was es zu tun hat, sondern die Mutter sorgt dafür, dass das Kind nicht gestört, in diesem Falle nicht mit Sand beschmissen wird.

So kann sich das Kind voll und ganz seiner Übung, dem Spiel, dem Schaffen hingeben, ohne sich um das „Freihalten" seines Raumes kümmern zu müssen.

Und genauso wie die Mutter den Raum für das Kind erschafft, so erschafft jemand - z.B. ein Mensch, der anderen hilft zu wachsen - einen geschützten Raum, wenn es um die emotionalen Energien geht.

Ihr alle habt große Probleme mit dem Zulassen von Gefühlen und ihr alle könnt häufiger und hingebungsvoller üben, euch diesen Energien zu öffnen, ganz einfach so, wie ihr euch den Farben und der Musik öffnet.

Wenn ich von den emotionalen Energien spreche, dann verwechselt dies nicht mit anderen manipulativen Energien, die in euren Raum eindringen können, wenn er nicht gefüllt ist. Oft verwechselt ihr Wesen auf anderen Ebenen, die euren Raum in Anspruch nehmen wollen, mit den emotionalen Energien.

In diesem Fall werdet ihr von anderen Wesen - egal woher sie kommen - wenn sie in eurem Raum sind, für bestimmte emotionale Energien geöffnet, meist Wut und Angst. Es sind aber nicht die emotionalen Energien selbst!

Das heißt: in diesem Fall habt ihr euch nicht einer emotionalen Energie hingegeben, sondern ein Wesen hat euch für eine emotionale Energie geöffnet, die nicht in eurem Fluss lag.

Ich habe anfangs gesagt, dass es darum geht, euch mehr und mehr zu befähigen, höhere Frequenzen in euch schwingen zu lassen; damit wird eure Aura wachsen und der Raum, den ihr einnehmt, vergrößert sich.

Das ist jedoch nicht für alle Wesen angenehm, nämlich für solche nicht, die den Platz für sich beanspruchen. Also wollen diese, dass eure Frequenz so niedrig wie möglich schwingt.

Ich möchte noch einmal sagen, dass es keine Bewertung über die verschiedenen emotionalen Energien gibt. Angst, Trauer, Wut sind nichts Schlechtes, auch wenn der Verstand euch das glauben machen möchte.

Dennoch geht die Entwicklung dahin, dass ihr euch mehr und mehr höheren Schwingungen gegenüber öffnet, und diese im Körper vibrieren lasst. Damit werden sich eure Körper langsam verändern. Durch diese Veränderung werdet ihr mehr in der Lage sein, die Informationen der Seele zu verstehen und danach zu handeln. Wenn ich Körper sage, meine ich alle Körper, die zur Persönlichkeit gehören.

Lernt, mit den Emotionen zu spielen und erlaubt nicht, dass sie mit euch spielen.

Dies erreicht ihr am ehesten durch die Hingabe an eure Gefühle ohne Beurteilungen und Analysen.

Oft werden die Gefühle in euch durch den Mentalkörper hervorgerufen, indem bestimmte Reize von außen wirksam sind.

Wenn ihr z.B. Nachrichten seht, werdet ihr oft mit Angst, Wut, Trauer, Hilflosigkeit oder mit anderen Gefühlen auf diese Nachrichten antworten oder reagieren. Meistens spürt ihr eure Gefühle in genau der oben beschriebenen Reihenfolge.

Ihr könnt also sehen, dass die Angst die Grundlage für viele weitere emotionale Reaktionen ist. Oft merkt ihr allerdings nicht, dass die Angst vor der Wut da war. Nehmen wir an, ihr lest in einer Zeitung, wie von der Regierung wieder neue Entscheidungen getroffen wurden, die genau dem widersprechen, was ihr als die Lösung aus eurer wirtschaftlichen Krise anseht. Natürlich werdet ihr sauer, wütend über so viel Blindheit und was euch sonst noch einfällt. Bemerkt habt ihr dabei nicht, dass eure Wut erst daraus resultierte, dass ihr Angst davor bekommen hattet, was die Zukunft euch bringen würde.

Würden euch die in der Zeitung beschriebenen Entscheidungen dazu verhelfen, sehr viel Geld zu bekommen, hättet ihr wohl kaum mit Wut reagiert, da in euch keine Angst stimuliert worden wäre.

Könnt ihr das verstehen?

Ihr werdet erkennen, wie oft Angst die Grundlage für andere Emotionen ist, wenn ihr euch einfach an die letzten Wochen erinnert und euch anseht, wann ihr wie emotional reagiert habt.

Der Wachstumsprozess in Gruppen

Ich habe schon oft erwähnt, wie euch die emotionalen Energien wachsen lassen und euch zu dem machen, was ihr wirklich seid. Doch oft ist das nicht so einfach, wie es scheint.

Wenn ihr allein zu Hause seid und euch mit diesen oder auch mit anderen Themen beschäftigt, ist es weitaus schwieriger, als wenn ihr euch zu einer Gruppe zusammenfindet. Gruppen sind für euch sehr wichtig und hilfreich, und sie werden eine immer wichtigere Rolle in eurem Leben spielen.

Wenn ihr gelernt habt, eurem emotionalen Fluss zu folgen, sich ihm hinzugeben, anstatt euch gedanklich zu konzentrieren, dann spielen sich all die Vorgänge ab, die ich bereits vorher beschrieben habe.
Um sie euch noch einmal ins Gedächtnis zu rufen, möchte ich diese Vorgänge zusammenfassen, so wie sie zur Zeit für euch am verständlichsten sind.

Wenn die emotionalen Energien im Emotionalkörper frei schwingen, breitet sich immer euer Energiefeld aus. So können alte Anteile bzw. Zellen aus dem Emotionalkörper mit Hilfe kosmischer Energien gelöst und erneuert werden. Dabei ist es wichtig, dass auch der Mentalkörper in der analogen Frequenz schwingt, ohne in seinem Bewertungssystem stecken zu bleiben. Natürlich können auch Gräben und Schluchten wieder mit neuer Emotionalkörper-Substanz gefüllt werden. Das heißt, ihr könnt all eure „Löcher stopfen", indem ihr in euren Emotionen bleibt, wenn sie auftauchen.
Wie diese Löcher im einzelnen wieder gefüllt werden, ist zur Zeit nicht wichtig. Es bedeutet jedenfalls sehr schnelles und intensives, also umfassendes Wachstum in all euren Körpern. Das Wachstum von Emotionalkörper und ätherischem Körper hat eine Rückwirkung auf den physischen Körper, der schneller als ihr erwartet diese veränderten Strukturen auch in sich manifestiert.
Der physische Körper ist jederzeit in der Lage, alle neuen Energiemuster der anderen Körper auszudrücken und sichtbar zu machen.
Euch sollte klar werden, dass es nichts gibt, was der physische Körper einfach nur so tut, weil ihm nichts besseres einfällt. Der physische Körper besitzt in sich keine selbstständige Instanz, die beschließt, wie er (der physische Körper) zu sein hat. Alles, was der Körper ist, wie er

funktioniert und also auch wie er „erkrankt", ist vorher im Mentalkörper und dann rückwirkend auf eure anderen Körper geschehen!

Das Wachstum geht natürlich den gleichen Weg.
Jeder Wachstumsprozess fängt in Gedanken an, auch wenn es ein Loslassen bestimmter Gedanken ist. Denn wie ihr gesehen habt, ist jedes Gedankenmuster im Mentalkörper manifest und damit auch im physischen Körper.
Krank machen euch also nicht eure Gefühle.
Zur Zeit ist der Emotionalkörper das, was der Mentalkörper aus ihm macht: ein sehr gehemmter, oft abgetrennter Teil eures Selbst.
Krank machen euch eure Gedankenstrukturen, egal, ob sie euch bewusst sind oder nicht.
Jemand bekommt ein Magengeschwür, nicht weil er besonders jähzornig ist, sondern weil er nicht im Fluss mit seiner Wut ist, und diese Hemmung entsteht wiederum durch seine Bewertungen.
Dies ist natürlich ein sehr banales Beispiel über die Zusammenhänge von Krankheit, Emotionen und Gedanken; die Vorgänge sind weitaus komplexer. Dennoch reicht es aus, um die Ausschließlichkeit darin zu erkennen:

Die Gedanken erschaffen euren Körper.

Wenn ihr in Gruppen arbeitet, egal wie, unterstützt jeder Gruppenteilnehmer den anderen mit seiner Energie, um in den emotionalen Fluss zu kommen oder darin zu bleiben. Wer immer im Moment in einer Gruppe Mittelpunkt ist, wird von allen anderen getragen. Dadurch wird ein viel schnelleres und umfassenderes Wachstum möglich.
Ihr könnt viel leichter von euren Glaubenssätzen lassen, wenn sich die Energie in der Gruppe verdichtet. Nutzt so oft ihr könnt die Gelegenheit, in Gruppen zusammenzukommen und über diese Dinge zu reden oder

auf jede erdenkliche andere Art mit ihnen umzugehen. Beginnt mit euren Emotionen zu spielen und ebenso mit euren Gedanken über eure Emotionen.

Lasst einfach alles, was ihr bisher wusstet, fallen und geht ein paar Schritte diesen neuen Weg. Ihr könnt jederzeit wieder zu euren alten Mustern und Gewohnheiten zurückkehren.

Je mehr ihr euch in Gruppen bewegt, desto mehr werdet ihr erkennen, dass jeder in der Gruppe genau die gleichen Geschichten erlebt wir ihr selbst. Nach und nach werdet ihr dann eure Seelenverbindung spüren.

Solltet ihr euch zur Zeit nicht in der Lage fühlen, in eine Gruppe zu gehen, so werdet ihr überall Menschen finden, die euch in eurem Prozess hilfreich unterstützen. Es gibt sehr viele „Wachstumshelfer" (Heiler), die in der Lage sind, tiefe Arbeit am Emotionalkörper und am Mentalkörper zu tun, und noch mehr, die auf ätherischer Ebene arbeiten.

Oftmals wissen diese Menschen selbst nicht, was sie tun, oder wie sie es tun. Das ist für das Wachstum und denjenigen, der Unterstützung sucht, nicht wichtig; der Erfolg ist deswegen nicht geringer.

Ihr seid mit all euren Themen nicht allein.

Schlussbetrachtung

Wir haben sehr viel über emotionale Energien in Bezug auf eure verschiedenen Strukturen, in Bezug auf die Astralebene und in Bezug auf das Wachstum gesprochen.

Um euch dies so gut wie möglich zu verdeutlichen, war es notwendig, eure Persönlichkeit in eure verschiedenen Anteile zu unterteilen. Vielleicht ist dadurch der Eindruck entstanden, es handele sich um ein wenig miteinander verbundenes Gebilde, wobei euch nun die schwierige Aufgabe zukommt, die Teile so gut wie möglich zusammen zu setzen. So ist das natürlich nicht.

Eure verschiedenen Körper, die ja auch als verschiedene Auraschichten bekannt sind, machen eure Persönlichkeit aus und sind sehr eng miteinander verwoben, ja sie durchdringen sich gegenseitig. Alles ist untrennbar, so wie alle eure Organe zu euch gehören. Viel hat die Menschheit über den Aufbau des physischen Körpers gelernt, indem sie die einzelnen Organe getrennt voneinander betrachtet hat. Diese trennende Betrachtung ist sehr unvollständig, und wenn ihr nicht in der Lage seid, den Menschen als Ganzes zu betrachten, ist sie sogar falsch.

Genauso verhält es sich mit euren verschiedenen Körpern und Anteilen, die wir uns getrennt voneinander angesehen haben. Es ist sehr wichtig, dass ihr immer die gesamte Persönlichkeit betrachtet, damit euer Verständnis von den tatsächlichen Zusammenhängen so groß wie möglich wird. Je mehr ihr also über eure verschiedenen Körper, sprich Auraschichten, verstanden habt, desto mehr Wissen werdet ihr über eure gesamte Persönlichkeit und die darin stattfindenden Vorgänge erlangen wollen. Mit der Erweiterung eures Verständnisses über euch erschafft ihr mehr Möglichkeiten für neue Informationen. Nach und nach wird euer Verständnis von euch und der Welt wachsen und sich verändern, immer gerade um so viel, wie ihr im Moment integrieren und damit wachsen könnt.

Oft war es im Verlauf des Buches nötig, auf einige andere Gebiete teilweise einzugehen. Möglicherweise sind hierbei Fragen entstanden, die ich gerne an anderer Stelle beantworten möchte.

Bevor ich euch mit all dem Wissen und euren Übungen euch selbst überlasse, möchte ich noch einiges bemerken.

Das Thema der Gefühle, wie es sich aus der Sicht der Zukunft zeigt, haben wir kurz berührt. Doch ich möchte noch einiges hinzufügen.

Wenn sich der Emotionalkörper und der Mentalkörper zu ihrer wahren Schönheit entwickelt haben, werden beide gleichberechtigt nebeneinander existieren. Dies hat vielerlei Auswirkungen, z.B. die, dass der Verstand dann viel mehr Prozesse des Mentalkörpers integrieren und nachvollziehen kann, als ihr gegenwärtig verstehen könnt. Eure weitere technische Entwicklung kann also nur dann im großen Rahmen vonstatten gehen, wenn ihr dem Verstand zunächst in bestimmten Gebieten verbietet, sich zu äußern, dreinzureden im wahrsten Sinne des Wortes.

Das mag sich für euch paradox anhören, ist es aber keineswegs.

Ihr alle wisst, dass ihr einen vollen Eimer erst dann wieder dafür benutzen könnt, wofür er geschaffen wurde, wenn ihr ihn zuerst ausleert.

Genauso müsst ihr euren Verstand leeren, um ihn dann auf höhere Frequenzen abzustimmen. Dann erst könnt ihr das manifestieren, wonach ihr euch sehnt, und nicht nur ein kleines Abbild davon.

Wenn der Mentalkörper nur aus Bergkristallen besteht, kann der Verstand keine Kombination aus Teer herstellen.

Bestimmte Dinge werden dann in eurem Denken nicht mehr vorkommen. Dafür werden sich sehr viel neue Dinge offenbaren.

Damit hängt auch die Zusammenarbeit mit den anderen Naturreichen zusammen. Ich kann nicht genug betonen, wie wichtig es für euch ist, euren emotionalen Ausdruck als einen natürlichen, wünschenswerten Teil von euch zu lieben und achten zu lernen. Ermuntert alle, die euch begegnen, die Emotionen frei und unbekümmert in sich schwingen zu lassen.

Der Resonanzraum für die emotionale Energie, also der Emotionalkörper, ist zur Zeit das wichtigste Instrument, auf dem ihr lernen müsst zu spielen, und natürlich ist Übung dazu nötig.

Jeder Virtuose wird Unglaubliches für sich und andere erreichen.

Es ist für euch alle eine gute Möglichkeit, durch Tanz zu lernen. So wie euer Körper es genießt, sich den unterschiedlichen Rhythmen mit ganz unterschiedlichen Bewegungen anzupassen, so ist es auch für den Emotionalkörper ein wunderbares Erlebnis, frei schwingen zu dürfen.

Zur Zeit macht ihr mit eurem Emotionalkörper das, was in der Geschichte vom Zappelphilipp die Eltern mit ihrem Kind tun. Da wird der völlig normale Bewegungsdrang des kindlichen Körpers immer wieder getadelt und mit Hilfe von Androhungen und bösen Vorhersagen unterdrückt.

Natürlich braucht das Erzeugen dieses Druckes gegen euren emotionalen Fluss Energie, die euch an anderer Stelle fehlt.

Ihr werdet die Erfahrung machen: je mehr ihr euch den emotionalen Energien hingebt, desto mehr Energie wird euch zur Verfügung stehen und sicherlich braucht ihr dann weniger Nahrung und weniger Schlaf.

Ihr wisst, wie sehr die Unterdrückung der Gefühle durch Psychopharmaka euer Schlafbedürfnis steigert. Diese so genannte Nebenwirkung beruht auf folgender Regel, egal, in welcher Beziehung:
Je mehr Druck verwendet wird, desto größer ist der Energieverbrauch.

Auch wenn all das, was ihr in diesem Buch erfahren habt, nicht die Wirklichkeit ist, sondern ein Modell zur Beschreibung der Wirklichkeit (und dadurch nicht für die Ewigkeit Gültigkeit hat), welches euch erlaubt, den größtmöglichen Schritt in eurer Entwicklung zu machen, der in der heutigen Zeit möglich ist, ist es wichtig für euch, das Gesagte zu verstehen. Nur wenn ihr wirklich den emotionalen Fluss versteht und dieses Wissen integriert, könnt ihr beginnen, mit anderen über das Modell zu diskutieren und euch darüber auseinander zu setzen, wobei eure Haltung niemals absolut sein sollte. Nur in einer Geisteshaltung, die nicht absolut ist, die also frei, leer und damit offen ist, ist Raum für Veränderung und Wachstum, vielleicht für das nächste Modell über die Emotionen.

Denkt darüber nach.

Verzeichnis der Meditationen